SENHOR DOS MUNDOS SUBTERRÂNEOS

COLEÇÃO CAMINHOS DO DESPERTAR

Colin Wilson — *Caminhos do Despertar*
Colin Wilson — *O Senhor dos Mundos Subterrâneos*
P. D. Ouspensky — *Consciência*

Próximas publicações

J. G. Bennett — *O Homem Profundo*
J. Needleman — *A Cristandade Perdida*

COLIN WILSON

SENHOR DOS MUNDOS SUBTERRÂNEOS

Jung e o Século XX

Martins Fontes

Título do original: LORD OF THE UNDER WORLD
Publicado por: Thorsons Publishing Group Limited, Wellingborough, Inglaterra

1.ª edição brasileira: Novembro de 1985

Tradução: João Azenha Jr.
Revisão: Silvana Vieira

Produção gráfica: Geraldo Alves
Composição: Intertexto Linotipadora S/C. Ltda.
Capa: Alexandre Martins Fontes

Índice

Agradecimentos

Gostaria de agradecer aos Srs. Routledge e Kegan Paul a permissão concedida para as citações extraídas das Obras Completas de Jung, bem como de outros livros de Jung relacionados na bibliografia. Agradeço, também, à Aldus Books a permissão concedida para as citações retiradas de *O Homem e Seus Símbolos*, de Jung. Agradeço a Israel Regardie por ter-me enviado uma cópia de *The Knight (O Cavaleiro)*, de Spiegelman. Meus agradecimentos a meu velho amigo Vincent Brome pela permissão concedida para as citações extraídas da vívida biografia de Jung escrita por ele.

Introdução

Jung tinha 68 anos quando, fazendo sua caminhada diária, escorregou no gelo acumulado sobre a rua e quebrou o tornozelo. Poucos dias depois, sofreu um violento ataque cardíaco. No hospital, foi mantido vivo com aplicações de oxigênio e cânfora; a enfermeira responsável por ele disse-lhe mais tarde que ele fora envolvido por uma espécie de halo luminoso, que ela já observara ao redor dos moribundos.

Neste estado, Jung parece ter experimentado os tipos de visões freqüentemente descritos por pessoas que estiveram entre a vida e a morte. A primeira delas foi a da Terra, vista do espaço a uma altitude de aproximadamente 1000 milhas, com os mares e os continentes banhados por uma luz azul; ele podia distinguir o vermelho-alaranjado do deserto da Arábia e os picos do Himalaia, cobertos de neve. Então, a uma pequena distância, viu um imenso bloco de pedra, como um meteorito; mas a pedra fora escavada, como certos templos que Jung vira na Índia. Próximo à entrada, um hindu estava sentado na posição de lótus. Ao se aproximar dali, Jung relata: "Tive a sensação de que tudo se desprendia; tudo o que eu objetivara, desejara ou imaginara, toda a fantasmagoria da existência terrestre, se desligava de mim ou me era arrancada — um processo extremamente doloroso". E quando foi levado pelo hindu para um templo no interior da pedra, cheio de mechas ardentes, teve a certeza de estar prestes a encontrar "todas aquelas pessoas a quem pertenço na realidade", e de que, de um momento para o outro, entenderia o significado de sua vida e o porquê de ter vindo ao mundo.

E então, vinda da Europa, alguma coisa flutuou em sua direção; Jung reconheceu o médico que estava tratando dele; mas o médico assumira a forma de um antigo soberano de Cós, a ilha em que se localizava o templo de Esculápio, deus da medicina. O médico disse que Jung não deveria morrer — que pelo menos trinta mulheres protestavam contra a idéia de ele deixar a Terra. Jung sentiu-se profundamente desapontado quando a visão desapareceu. E como tantos outros que haviam sido convencidos de que estiveram mortos por alguns instantes, e foram chamados de volta à vida, ressentiu-se ao ser forçado a retornar.

Devido ao fato de o médico ter aparecido a ele na forma de um antigo rei, Jung convenceu-se de que o médico iria morrer — na verdade, de que a morte dele substituiria a sua própria. A 4 de abril de 1944, no primeiro dia em que Jung pôde sentar-se na cama, o médico recolheu-se à sua própria cama com febre, e morreu de septicemia pouco tempo depois. Jung fora seu último paciente.

Foi uma época de muitas visões: "Noite após noite eu flutuava em um estado de sublime felicidade." Quando o dia estava prestes a raiar, ele diria: "De novo a cinzenta manhã; volta o mundo cinzento com suas caixinhas." E quando ficou fisicamente mais forte, as visões desapareceram. Jung não as considerou uma forma de sonho ou de alucinação, e sim *insights* de uma realidade básica. "Não se tratava de um produto da imaginação. As visões e experiências eram absolutamente reais; nada havia de subjetivo nelas; todas possuíam a característica da absoluta objetividade."

Jung viveria por mais dezessete anos. Mas a experiência da proximidade da morte mudara radicalmente seu ponto de vista. Durante toda a sua vida, Jung sentira-se obrigado a se defender, mostrando-se ao mundo como um cientista. Pouco tempo depois de seu restabelecimento, escreveu a um correspondente que tentava convertê-lo ao catolicismo: "Prezado Senhor! Busco a ciência, não a apologia ou a filosofia. Meu interesse é científico; o seu, evangélico." Mas qualquer um que esteja familiarizado com a obra de Jung sabe que isto é verdadeiro apenas em parte; Jung *foi* ambos: um filósofo e um evangelista. Mas a experiência da proximidade da morte parece tê-lo tornado menos resistente quanto a revelar suas convicções mais profundas; menos preocupado com o fato de ser acusado de estar pisando em terrenos para além dos limites da ciência. Uma das conseqüências mais surpreendentes disto foi a introdução que escreveu em 1949 para a versão do *I Ching*, de Richard Wilhelm. Jung conhecia o oráculo chinês desde 1920, quando passou o verão fazendo "um ataque exterminador ao enigma do livro". Em obras posteriores a esta data, Jung faz inúmeras referências a ele; entretanto, sempre de maneira breve e não comprometedora. Mas na introdução de 1949, fala abertamente em consultar o oráculo utilizando o método da moeda, "pedindo a sua opinião sobre. . . minha intenção de apresentá-lo ao pensamento ocidental", analisando, com alguns detalhes, a resposta do oráculo. Ele vinha consultando o *I Ching* desde 1920; esta fora a primeira vez que ousara admiti-lo. Jung admite também que não existe uma base "científica" para considerá-lo seriamente. Não obstante, afirma estar preparado para assim o fazer, eliminando as críticas com o seguinte comentário: "Quanto menos se pensa sobre a teoria do *I Ching*, mais profundamente se dorme."

Em 1950, uma das obras mais confusas e complicadas de Jung, *Aion*, incluiu capítulos que versam sobre as profecias de Nostradamus e trechos que abordam noções gnósticas e cabalísticas, cuja leitura muitas vezes lembra alguns tratados de magia do séc. XVI. No ano seguinte, por ocasião das Reuniões de Éranos, Jung apresentou seu artigo intitulado "Sobre a Sincronicidade", em que justifica a astrologia e o *I Ching* recorrendo ao conceito da "coincidência significativa"; numa versão ampliada deste artigo, começa por admitir que agora "honro um compromisso que por muitos anos não tive coragem de cumprir". Em 1954 surgiu o livro mais pessoal de Jung, *Resposta a Jó:* sua tentativa pessoal mais elevada de "justificar os caminhos de Deus ao homem". O cientista finalmente parava de fingir que não era nem um filósofo e nem um evangelista. E, não obstante, o resultado disto não foi a denúncia de colegas, nem a acusação de que estava envelhecendo. Foi um tipo de aclamação que ele jamais experimentara nos muitos anos em que pensava estar escrevendo seu trabalho mais importante. De um momento para o outro, Jung tornou-se o guru do mundo ocidental, um oráculo universal, que estava ligado a Gandhi e a Albert Schweitzer. É provável que ele, mais do que qualquer outro, tenha sido o grande responsável pelo surgimento do interesse pelo "ocultismo" — pelas áreas da paranormalidade e das religiões orientais —, que começou a se verificar pouco tempo depois de sua morte, em 1961. O título de uma das mais populares enciclopédias deste período, *Homem, Mito e Magia*, deve ter sido retirado de uma das obras do próprio Jung.

Hoje, fazendo uma retrospectiva, podemos ver que Jung nunca foi o cientista que gostaria de ser considerado, e que tal fato em nada diminuiu sua grandiosidade. Um de seus biógrafos, o psicólogo Anthony Storr, escreve: "É muito fácil perder a paciência com Jung... Mais especificamente, acho difícil compreender sua preocupação com o oculto; suas opiniões sobre a sincronicidade e os fantasmas e *poltergeists* que povoam sua autobiografia." Storr quer ver Jung apenas como um cientista, como o maior sucessor de Freud. Mas esta tarefa é impossível, pois devemos reconhecer que, desde o início, Jung era obcecado pelo oculto. (Afinal, a palavra significa simplesmente "escondido"; por esta razão, não se deveria pedir desculpas pelo seu emprego, colocando-a entre aspas.) Sua infância e adolescência foram cheias de conflitos entre a religião e o agnosticismo.

Aos quatro anos, o corpo de um afogado, retirado do rio, gerou nele uma preocupação com cadáveres, que se estendeu por toda a sua vida. Quando estava na escola, lia todos os livros que podia encontrar sobre fenômenos espiritualistas. Dois curiosos incidentes envolvendo espíritos tiveram lugar em sua própria família.* Sua prima Hélène Preiswerk, uma jovem de quinze anos, desenvolveu poderes mediúnicos, e Jung freqüentou algumas sessões, que eram acompanhadas pelo trepidar da mesa e por movimentos de um copo. Muitas personalidades diferentes falavam através de sua prima, inclusive alguns parentes já falecidos. Mas quando Jung redigiu estas experiências para a sua dissertação inicial, intitulou-as "Sobre a Psicologia e a Patologia dos Chamados Fenômenos Ocultos", e tratou-as primeiramente como um caso de "personalidade múltipla", conseqüência da histeria e da repressão sexual. Naquela ocasião, porém, ele era o primeiro médico assistente na Clínica de Burghölzli, e descobrira a *Interpretação dos Sonhos*, de Freud.

O que fica patente nos primeiros capítulos da autobiografia de Jung, *Memórias, Sonhos, Reflexões*, é que ele era um romântico introvertido, que sonhava com belas donzelas e feitos heróicos, e que seu interesse pelo espiritualismo era uma tentativa de encontrar um tipo de força que afastasse o tédio e a trivialidade da vida cotidiana. Aparecem aí vestígios da obra do jovem W. B. Yeats, que também freqüentava sessões de espiritismo e tornara-se membro da Ordem Mágica da Aurora Dourada e discípulo de Madame Blavatsky. E o paralelo com Yeats nos remete ao problema mais genérico do romântico que vive em um mundo aparentemente feito para realistas. Yeats voltou-se para o mundo onírico da Irlanda antiga, de fadas, heróis e seres sobrenaturais. Mas em um poema da velhice, "A fuga dos animais do circo", sua postura com relação a esta realidade alternativa é cínica. Ele pergunta pelo lugar em que estas "imagens dominadoras" tiveram sua origem, e responde: em "um

---

*Ver p. 30.

montículo de refugos ou no lixo da rua". Yeats considera sua imaginação uma espécie de escada, que usa para escapar à realidade, e conclui:

> Now that my ladder's gone
> I must lie down where all the ladders start,
> In the foul rag-and-bone shop of the heart.*

Talvez estes sejam os versos do pessimismo mais profundo jamais escritos por um poeta maior. Eles implicam o fato de que os ideais românticos são uma fuga da "ordinariedade", que estão fadados ao fracasso, já que a ordinariedade é real, e os ideais não. Mas este não é apenas um problema para idealistas românticos. Todo ser humano vem ao mundo com o mesmo sentimento de impotência, de abandono, de passividade. Se for suficientemente infeliz para viver rodeado de pessoas às quais faltem inteligência e imaginação — uma contingência muito provável, já que tal descrição engloba a maior parte da raça humana —, a impotência se combinará com um sentimento de inevitabilidade, uma convicção tácita de que as coisas *são* como são, e de que não se pode esperar qualquer mudança. A reação de Yeats a esta situação foi a de voltar-se para dentro, para um mundo de fantasia. Como todos os poetas, ele quis fragmentar o mundo para "reconstruí-lo de forma mais próxima aos anseios do coração". Já que isto não foi possível, Yeats concentrou-se em torno da criação de uma visão particular de uma "terra dos anseios do coração", na poesia e no teatro. Entretanto, considerava tal visão uma simples fuga do mundo que odiava — daí mancionar "a imunda fábrica de trapos e ossos do coração".

Jung, partindo de uma experiência bastante semelhante, teve mais sorte do que Yeats. Ele também buscava uma al-

---

* Agora que minha escada não mais existe, / Preciso deitar-me onde começam todas as escadas. / na imunda fábrica de trapos e ossos do coração. (N. do T.)

ternativa para a "ordinariedade" no mundo do oculto e do paranormal. A esta altura, porém, ficou fascinado pelo mundo da enfermidade mental, igualmente forte e bárbaro. Em sua autobiografia, Jung explica que isto ocorreu inesperadamente, quando abriu o *Manual de Psiquiatria,* de Krafft-Ebing, e leu o seguinte comentário introdutório: "Provavelmente devido à peculiaridade do assunto e ao seu rudimentar estado de desenvolvimento, os livros de psiquiatria são marcados por um caráter mais ou menos subjetivo." E quando leu, poucas linhas adiante, que as psicoses são "doenças da personalidade", sentiu o coração bater mais forte e precisou levantar-se para tomar fôlego. Por que razão teriam estes comentários sinceros gerado tal estado de excitação? Em primeiro lugar, pelo reconhecimento de que a psiquiatria é *subjetiva* devido ao seu subdesenvolvimento — uma indicação de que haveria espaço para o enfoque subjetivo de um idealista romântico e de que, conseqüentemente, ele poderia ter o seu lugar garantido entre os pioneiros. Mas a frase "doenças da personalidade" evoca também toda a problemática de rejeição do mundo, característica do final do século, presente nos pintores alcoólatras e nos *poètes maudits* como Baudelaire e Verlaine. Jung efetivamente sorveu estas linhas como a um curso inteiro de psiquiatria, mas não as considerou muito inspiradoras. O que o excitava era a idéia de que este campo "subdesenvolvido" oferecia uma válvula de escape para suas energias criativas reprimidas.

Assim, enquanto Yeats continuava a ser um poeta e um ineficiente nacionalista irlandês, Jung entendeu-se com o mundo real, enquanto cientista. E na condição de defensor das controvertidas idéias de Freud, não tardou a ganhar reputação internacional. Isto deve ser visto como uma volta-face: o ladrão-de-caça torna-se guarda-caça, porque é mais seguro. Na verdade, porém, a prática terapêutica de Jung desde logo começou a lhe oferecer evidências acerca da existência efetiva daquela "outra realidade" que tanto fascinara Yeats — e na qual Yeats nunca conseguira acreditar inteiramente. Quando um paciente se suicidou com um tiro na cabeça, Jung acordou no meio da noite com uma estranha dor, como se um projétil lhe tivesse perfurado a fronte. Durante uma discussão com Freud sobre ocultismo, Jung conseguiu produzir efeitos *poltergeists* — sonoras explosões em uma estante. Um sonho tido em 1909 convenceu-o da existência do "inconsciente coletivo": uma espécie de alicerce comum a toda experiência psíquica humana. Em 1910, começou a acumular evidências de que este inconsciente coletivo continha certos símbolos mágicos e religiosos básicos, e de que "existem componentes psíquicos arcaicos, que entraram para a psique individual". Ao rompimento com Freud seguiu-se um período de sublevação mental, no qual acreditava poder descer — enquanto plenamente acordado — ao seu próprio inconsciente, e conversar com seres que ali encontrasse, como se fossem pessoas reais. Um dia, quando se perguntou se aquilo que fazia era realmente ciência, uma voz feminina, vinda de dentro dele mesmo, respondeu: "Não, é arte"; como conseqüência, Jung convenceu-se da existência da subpersonalidade "alternativa", o *anima* (ou, nas mulheres, *animus*). Pelo resto de sua vida, Jung continuou a ter experiências — semelhantes à visão da Terra, seguida da morte de seu médico — que o convenceram da existência de um outro nível de realidade além da meramente física. No capítulo final de sua autobiografia, escreve: "A validade de termos como mana, demônio ou Deus não pode ser nem refutada nem aceita. Podemos, contudo, afirmar que a sensação de estranheza ligada à experiência de alguma coisa objetiva, aparentemente fora da psique, é de fato autêntica." Neste sentido, Jung teve mais sorte do que Yeats, que nunca conseguiu acreditar que as visões e sonhos do homem são mais do que uma tentativa de escapar à monotonia da realidade física.

Entretanto, por quase toda sua vida Jung preferiu calar-se a respeito destas convicções. Covardia? Ele mesmo teria afirmado que tal silêncio deveu-se tão-somente ao propósito de manter um saudável ceticismo científico. Não obstante, as conseqüências deste ceticismo podiam, algumas vezes, parecer bastante desonestas. Em 1919, publicou no *Proceedings of the Society for Psychical Research* um ensaio intitulado "O Fundamento Psicológico da Crença em Espíritos", em que explica os espíritos como "projeções" do inconsciente. No verão do ano seguinte, Jung alugou um chalé nas proximidades de Londres, que diziam ser mal-assombrado. Havia sons de batidas, de goteiras, além de odores desagradáveis. Um enorme animal parecia mover-se apressadamente em volta do quarto. Uma noite, quando uma tempestade de vento açoitava as paredes, Jung abriu os olhos e viu a metade de uma cabeça — de uma mulher idosa — no travesseiro ao seu lado. Um colega que alugara o chalé, e que não acreditava em fantasmas, abandonou apressadamente o local, depois de passar uma noite toda em claro, ouvindo passos ao seu redor. Finalmente, o chalé precisou ser demolido porque não havia compradores para ele. Assim, por volta de 1920, Jung sabia que os fantasmas não podem ser explicados como manifestações do inconsciente. Em 1948, escreveu um pós-escrito ao seu artigo sobre a crença em epíritos, admitindo que as proposições feitas anteriormente não eram adequadas, mas afirmando que não podia responder se os espíritos realmente existem como entidades independentes "porque não estou em condições de aduzir experimentos que possam provar uma coisa ou outra". E passaram-se dois anos até que ele finalmente relatasse a experiência do chalé assombrado como contribuição ao livro de Fanny Moser intitulado *Ghosts: Reality or Delusion?* (*Fantasmas: Realidade ou Ilusão?*). Jung achava muito difícil relaxar a postura do cientista obstinado e afirmar suas convicções publicamente.

Finalmente resolveu fazê-lo e precisamente no momento exato. Nos anos 50, a nova geração sentia a necessidade de romper com as preocupações obsessivamente políticas das duas décadas passadas. Na América, a geração *beat* falava em liberdade, em Zen, e na necessidade de "desligar-se". Na Inglaterra, os *"Angry Young Men"* (*"Os Jovens Rai-*

vosos") expressavam o mesmo espírito de protesto individual. O livro *As Portas da Percepção,* de Aldous Huxley, pregava o uso de drogas psicodélicas para "aumentar a consciência". O resultado foi um desordenado espírito de revolta sem um objetivo específico. Jung estava pronto a oferecer a este movimento algum tipo de propósito e direção com base no resultado a que chegara depois de cinqüenta anos de reflexão sobre as estranhas forças do inconsciente. Embora ele próprio negasse obstinadamente que pudesse ser considerado um profeta ou um pregador, oferecia, de fato, algo bastante semelhante a um sistema de crenças religiosas. Enquanto os teólogos da moda falavam na "morte de Deus", Jung afirmava que o inconsciente coletivo nos apresenta evidências de uma outra ordem de realidade. Em 1918, Bertrand Russel escrevera: *"Preciso,* antes de morrer, encontrar *algum* meio de dizer o que tenho de essencial dentro de mim, e que até agora nunca disse — algo que não é o amor, nem o ódio, nem a pena, nem o desprezo, mas o próprio sopro da vida, poderoso, vindo de longe, trazendo à vida humana a vastidão e a força extraordinariamente impassível das coisas não-humanas. . ." Esta é a afirmação da essência da crença religiosa: a convicção de que existe algo muito *maior* do que os seres humanos, e de que o homem é capaz de abrir-se a esta força maior. Mas esta afirmação de Russel foi feita em uma carta pessoal e mantida fora de seus livros de filosofia e educação. Nos últimos anos de sua vida, Jung não cansou de externar uma convicção semelhante: "Sabemos que alguma coisa desconhecida, alienígena, se coloca em nosso caminho, assim como sabemos que, sozinhos, não *fabricamos* um sonho ou uma inspiração. . ." Esta forte convicção acerca da estranheza do universo, e a enorme complexidade do inconsciente coletivo, emprestaram à sua obra a força de inspiração que o transformou, nos últimos dez anos de sua vida, no "Sábio de Küsnacht".

Durante toda sua vida, Jung sempre admirou Goethe — de quem se considerava um descendente —, e no desenvolvimento de seu processo criativo, parece ter sido tão feliz quanto Goethe: a aclamação precoce, a evolução lenta, pausada, sob condições propícias, a safra final de *insights* na velhice. Mas existe ainda um outro aspecto da possibilidade de Jung que pode ser observado durante toda a sua vida: a curiosa paixão pela obscuridade, pela ambigüidade. Ele era conhecido como um brilhante proseador e um conferencista bastante espontâneo; isto pode ser atestado em conferências como *The Vision Seminars* (*Seminários sobre a Visão*). Mas em seus livros, seu estilo é germânico e obscuro, como se temesse submeter o que queria dizer ao fácil escrutínio. Pouco tempo antes de morrer, foi abordado por um editor inglês, que lhe sugeriu escrever um livro sobre suas idéias visando ao leitor médio; Jung recusou-se categoricamente a fazê-lo, explicando que sempre desconfiara dessa idéia de popularização. Um sonho fez com que mudasse de opinião, e o resultado foi *O Homem e seus Símbolos*; mas a relutância parece ter-se originado da mesma fonte que gerou sua má-vontade em falar sobre seu "ocultismo" antes dos anos 40. A explicação pode ser a de que, enquanto a obra de Jung foi uma tentativa de provar a existência de uma outra ordem de realidade, sua prática científica distanciou-o de um fundamento concreto em que pudesse embasar suas convicções. E ele nunca se achava plenamente satisfeito com o fundamento que encontrava. A experiência da proximidade da morte convencera-o de que seria agora ou nunca; mas ele nunca pareceu estar muito feliz com a nova posição, que ora expunha. Acometeu-lhe uma espécie de estado depressivo ao escrever para Laurens van der Post: "Sou um homem cada vez mais velho e solitário escrevendo a outros homens solitários." E no último parágrafo de sua autobiografia, afirma: "Parece-me que a alienação que há tanto tempo me separou do mundo transferiu-se para o meu próprio mundo interior, revelando-me um inesperado desconhecimento de mim mesmo."

"Um inesperado desconhecimento de mim mesmo." A frase é altamente reveladora. O "Conhece-te a ti mesmo", de Sócrates, poderia ser considerado como o princípio condutor da obra de Jung. Como psicanalista, seu objetivo era o de familiarizar-se com as dimensões desconhecidas de seu ser. Certamente, impressionou outras pessoas enquanto um homem em paz consigo mesmo por ter alcançado o autoconhecimento. Mas a tentativa, naqueles últimos anos, de cristalizar suas convicções mais profundas, somente parecia destruir os fundamentos que ele tanto trabalho tivera para reforçar. Passara sua vida tentando ser um cientista — um homem cujo papel, segundo T. H. Huxley, é o de sentar-se diante da realidade como uma criança e seguir humildemente a direção que ela apontar. Ao expressar sua crença em que o *I Ching* podia ser levado a sério, Jung seguia este preceito e afirmava ser real o que via. Mas uma das maiores dificuldades do mundo da paranormalidade reside no fato de ser quase impossível ao investigador, no momento em que afirma aceitar com cautela qualquer um de seus aspectos, permanecer nos limites do que escolheu. Novos fatos continuam a se mostrar, e na medida em que alarga sua teoria para acomodá-los, percebe que ela finalmente vai explodir como um balão demasiadamente cheio. Jung encontrava-se na mesma posição quando se comprometeu com a idéia da sincronicidade. A sincronicidade é a coincidência significativa, e ela ou implica o fato de que "forças" exteriores a nós organizam coincidências para atrair nossa atenção para novos fatos, ou que o próprio inconsciente, de alguma forma, pode influir na matéria. Jung escreveu: "Ou existem processos físicos que geram acontecimentos psíquicos, ou existe uma psique pré-existente que organiza a matéria." A mesma teoria está implícita na sua noção anterior de "fenômenos de exteriorização", como as explosões que provocou na estante de Freud, quando discutiam sobre ocultismo.

Mas se a mente, de alguma forma, é capaz de organizar eventos, por que, então, vivemos em um mundo tão obviamente distante "dos anseios do coração"? Jung, como Yeats, passou sua vida lutando com esta indagação; e precisamente no momento em que parecia ter provado, para sua própria satisfação, que o homem não é simplesmente um acidente biológico num universo sem sentido, libertou novamente o gênio da lâmpada com uma pergunta que pareceu recolocá-lo na posição de defesa. "Não há palavras que possam se adequar a este paradoxo", observa ele com melancolia quase ao final de sua autobiografia. E o tom curiosamente pessimista e inconclusivo destas páginas finais certamente parece sugerir uma tarefa que não foi concluída.

Por outro lado, porém, a biografia de um homem pode fornecer respostas que ele mesmo nunca teria sido capaz de formular.

CAPÍTULO UM

Uma dupla personalidade

Quando era jovem, Jung impressionava algumas pessoas por ser alegre e cheio de autoconfiança; outras consideravam-no agressivo, indiscreto e dominador. Suas idéias fluíam em um fluxo inexaurível, e ele possuía uma série de risos que iam de um risinho contagiante a uma gargalhada homérica. Sem sombra de dúvida, Jung era o que os zoólogos chamam de alfa: um indivíduo altamente dominante. Tal descrição representa uma proeza admirável de autotransformação, já que ele fora uma criança tímida, nervosa e introvertida. Um companheiro de escola, que o conheceu aos quatro anos, recorda-se do encontro "porque eu nunca havia encontrado antes tamanho monstro misantrópico". Jung sofria de eczema nervoso e era propenso a acidentes. Certa ocasião, precisou levar vários pontos em um corte na cabeça. Numa outra rolou escada abaixo e quase escorregou de uma ponte para dentro das Quedas do Reno, sendo agarrado bem em tempo por uma empregada. "Estas coisas", escreveu, "apontam para um impulso suicida inconsciente, ou, o que é provável, para uma resistência fatal à vida neste mundo".

Carl Gustav Jung nasceu a 26 de julho de 1875 em Kesswill, um vilarejo à beira do lago de Constança. A maioria dos garotos tende a seguir o modelo de seus pais; neste particular, Jung não teve muita sorte, pois seu pai, o reverendo Paul Jung, era uma nulidade, um clérigo como outro qualquer, que tinha dúvidas religiosas, brigava com sua esposa e nunca chegou a cumprir a promessa de se tornar um lingüista brilhante. O espírito dominador parece ter saltado uma geração, pois o avô de Jung, de quem herdara o nome, fora um homem famoso na Basiléia, um médico bem-sucedido, um eminente maçom, além de reitor da Universidade. Dizia-se na família que ele era o neto ilegítimo de Goethe. Jung nunca teve a chance de seguir o modelo do avô, que faleceu onze anos antes dele nascer.

A mãe de Jung, *née* Emilie Preiswerk, parece ter tido um caráter bem mais forte. Filha de um professor de hebraico, ela é descrita por alguns como gorda, feia, autoritária e arrogante. Seu próprio filho dizia que ela era uma mulher comum, com a cabeça no lugar. Quando ele tinha três anos, parece que ela sofreu uma espécie de colapso mental, provavelmente decorrente de dificuldades no casamento, e foi hospitalizada por diversos meses. A criança sentiu-se abandonada — neste período passou a sofrer de eczema nervoso — e disse que daquela data em diante passou a sentir desconfiança sempre que ouvia a palavra "amor". A "mulher" parecia basicamente inconfiável. Seu pai era confiável, mas ineficiente. Certamente, este não era o solo ideal para o desenvolvimento da autoconfiança.

A situação tornou-se ainda pior quando ele foi mandado para a escola em Basiléia, aos onze anos de idade. Em meio a garotos bem vestidos, que passavam suas férias nos Alpes ou na praia, conscientizou-se da pobreza de sua família e começou a sentir pena de seu pai — uma atitude que dificilmente aumentaria sua autoconfiança. Odiava matemática e achava as aulas de religião absolutamente tolas. A certa altura, foi vítima de uma agressão sexual por parte de um homem que ele idolatrava — um episódio que, mais tarde, confessou a Freud, sem contudo acrescentar maiores detalhes. Continuava propenso a acidentes, e os outros garotos tentavam intimidá-lo — por sorte, crescia e se tornava mais forte.

O acontecimento mais significativo de sua infância aconteceu quando ele tinha doze anos. Na praça da catedral, um garoto empurrou-o tão violentamente, que ele caiu e bateu a cabeça na calçada, perdendo a consciência por alguns instantes. Jung permaneceu deitado mais tempo do que o necessário, apenas para preocupar seu agressor; um único pensamento passava por sua cabeça: "Agora não precisarei mais ir à escola." Pessoas que por ali passavam recolheram-no e o levaram para uma casa nas proximidades, onde moravam duas tias suas. O acidente reforçou sua autopiedade. Começou a sofrer ataques de desmaios e ficou afastado da escola por seis meses. Seus pais, preocupados, consultaram diversos médicos; o garoto foi mandado para a casa de parentes em Winterthur, onde gostava imensamente de perambular pela estação ferroviária. Pensava-se que ele sofria de epilepsia.

De volta à sua casa, Jung estava escondido atrás de um arbusto no jardim quando ouviu um visitante perguntar por sua saúde; seu pai respondeu: "É muito triste... os médicos acham que pode ser epilepsia. Seria terrível se a enfermidade não tivesse cura. Perdi o pouco que tinha, e o que será do garoto se não puder ganhar seu próprio sustento?"

Estas palavras perturbaram Jung profundamente: pena de seu pai, autopiedade, medo da pobreza, todas estas sensações misturadas. Ele perdera seis meses. Correu para o escritório de seu pai, pegou a gramática latina e começou a trabalhar. Pouco tempo depois sofreu um desmaio e caiu da cadeira. Recusou-se a parar de trabalhar. Em seguida veio um outro ataque; não desistiu, e continuou a estudar. Depois de uma hora, sofreu um terceiro desmaio. Ainda assim insistiu com todas as suas forças. Então, de um momento para outro, sentiu-se melhor do que se sentira quando os ataques começaram. E subitamente eles cessaram. Jung podia voltar à escola.

Recontando este episódio em sua autobiografia, Jung simplesmente comenta: "Eu aprendi o que é neurose." Mas foi muito mais do que isto. O que Jung fez, tendo por pretexto a pancada na cabeça, foi induzir um *hábito* mais ou menos momentâneo. Tratava-se, na verdade, de uma forma de auto-hipnose. Assim como podemos induzir em nós mesmos uma sensação de formigamento no couro cabeludo quando ouvimos nossa música preferida, Jung aprendera a induzir crises de desmaios quando se deparava com situações de tensão. Ele solicitara a ajuda do "robô" que vive nas profundezas da mente para escapar da monotonia e miséria da escola. Escolhera o caminho da enfermidade e da fuga — um caminho escolhido por tantos românticos do séc. XIX. Ao ouvir o comentário ansioso de seu pai, lembrou-se do senso de responsabilidade. O que fez a seguir foi *encarar* e superar o hábito deliberadamente. Na verdade, o que ele dizia era o seguinte: "Eu o criei, e agora posso me livrar dele." Assim, aos doze anos, Jung não só havia entendido o mecanismo básico da neurose como reconheceu que ela pode ser curada por um *ato de vontade.* Esta pode muito bem ter sido a experiência mais importante de toda a sua vida; certamente foi um momento decisivo.

A experiência ensinara-o a lidar com a autopiedade. "Eu sabia... que a coisa toda era uma trama diabólica arquitetada por mim. Sabia, também, que nunca aconteceria outra vez." Dedicou-se com afinco a seus estudos, muitas vezes trabalhando até as três horas da madrugada e levantando-se às cinco. Tinha vergonha do que acontecera, mas podia entender por que acontecera: a causa era o seu amor à natureza, seu amor à solidão. Essa experiência quase o induziu ao erro de um individualismo que viria a marcar toda a sua vida, assim como ocorreu com um eminente contemporâneo seu: Marcel Proust. Escapara por pouco.

A recompensa veio na forma de uma experiência quase mística. "Eu caminhava pela longa estrada que levava de Klein-Hüningen, onde morávamos, até a escola, na Basiléia, quando de repente tive a nítida impressão de, por um momento, ter acabado de emergir de uma densa nuvem. De uma só vez compreendi tudo: agora eu era *eu mesmo*! Era como se tivesse uma cortina de névoa atrás de mim, e atrás dela não existisse agora um *'eu'*. Neste instante, porém, *caí em mim*. Antes eu também existia, mas as coisas simplesmente aconteciam para mim. Agora era eu que acontecia para mim mesmo. Agora tinha certeza: era eu mesmo; eu existia. Antes eu queria fazer isto ou aquilo: agora *eu* queria. Esta experiência me pareceu tremendamente importante e inédita: havia 'autoridade' em mim."

Jung fizera outra descoberta fundamental. Quando os seres humanos passam suas vidas fazendo as vontades dos outros, eles podem ser comparados aos crustáceos, animais que possuem um esqueleto externo. Internamente, são moles. No momento em que um homem se sente inspirado a fazer sua própria vontade, ele se torna um vertebrado, uma criatura com um esqueleto *interior*. De um momento para outro ele passa a ter uma espinha dorsal. Em nossa sociedade, poucas pessoas evoluem de crustáceos a vertebrados, pois nos acostumamos a fazer a vontade dos outros desde o momento em que nascemos. A luta de Jung para superar o hábito da derrota conscientizara-o de que ele era um vertebrado.

Na escola, antes do "acidente", Jung esculpira uma espécie de homúnculo numa régua. Colocou-o num estojo junto com uma pedra preta do Reno, de formato alongado, pintada em duas cores, e o escondeu numa viga, no sótão. Era o símbolo de sua alma secreta. Durante o período em que esteve enfermo, Jung esquecera-se por completo do homúnculo no sótão. Em sua autobiografia, observa que este novo sentimento de "autoridade" era semelhante àquele sentimento de valor inspirado pelo homúnculo no estojo.

Agora, com esta nova consciência de seu próprio valor, Jung reconheceu que era duas pessoas. Quando o pai de um amigo perdeu a paciência com ele por causa de seu comportamento inconseqüente num barco, sentiu raiva porque aquele homem mal-educado, gordo e ignorante ousava insultá-lo; ao mesmo tempo, porém, pôde entender que a raiva do homem se justificava; era o garoto em idade escolar que estava sendo repreendido e o "homem de autoridade" que se encolerizava.

Na verdade, Jung já se convencera de que este "homem de autoridade" era um velho que vivera no séc. XVIII e usava sapatos com fivelas e uma peruca branca. Convencera-se disto quando, um dia, uma antiga carruagem verde passou por sua casa e ele experimentou uma sensação estranha: "Aquilo vem da *minha* época." Na casa de suas tias — para onde fora levado quando desmaiou — havia uma estatueta de uma personalidade bastante conhecida na Basiléia do séc. XVIII, um certo dr. Stückelberger, que usava sapatos com fivelas; uma vez mais Jung teve a curiosa certeza de que aqueles sapatos eram seus. É possível que ele conhecesse a história de que seu avô era o filho ilegítimo de Goethe, e se identificasse com Goethe. Qualquer que tenha sido o motivo, começou a sentir-se como se tivesse uma dupla personalidade, vivendo simultaneamente em duas épocas.

Jung parece ter sido um garoto educado dentro de parâmetros religiosos tradicionais, e isto é compreensível, uma vez que era filho de um clérigo, e a Suíça do séc. XIX era um lugar absolutamente tradicional, tão formal e correto quanto aquelas cidades norueguesas das peças de Ibsen. Em sua pré-adolescência, Jung viveu uma crise religiosa, que começou um dia em que saiu da escola e viu o sol reluzindo no telhado da catedral. Ocorreu-lhe que o mundo criado por Deus era belo, e que Ele devia estar sentado em Seu trono, no azul do céu. A esse pensamento seguiu-se uma sensação de pavor. Somente após muitas noites sem dormir é que ele entendeu o que havia causado tal pavor: o pensamento ingênuo de que um grande excremento pudesse cair de debaixo do trono e quebrar o telhado. Tão logo entendeu o que o deixara tão alarmado, sentiu-se extremamente aliviado. Novamente tratava-se de uma pequena lição de psicanálise: o pensamento que lutava para sair do subconsciente era prontamente reprimido, e o alívio que se seguiu à decisão de não mais oprimi-lo.

Este não foi o fim da crise religiosa. Agora que ele começara a pensar em Deus, queria saber a resposta para algumas perguntas. Estas perguntas eram as mesmas que haviam levado Gautama, o Buda, a se tornar um monge: o mistério do sofrimento humano, da doença, da velhice e da morte. Jung tentou encontrar as respostas num livro chamado *Dogmas Cristãos,* da biblioteca de seu pai, mas achou o livro tolo. Isto significava que seu pai havia sido enganado por aquela tolice e perdera o seu tempo. Tentou discutir suas dúvidas com o pai, e descobriu que ele também tinha suas próprias dúvidas. A experiência de sua primeira comunhão convenceu-o finalmente de que ele não era mais um crente. Ainda em sua adolescência, descobriu o *Fausto,* de Goethe, e o *Mundo como Vontade e Representação,* de Schopenhauer; as duas obras o impressionaram profundamente. Elas enfocaram a vida como algo profundo e trágico. A leitura de Schopenhauer levou-o a ler Kant. Tornou-se um leitor voraz; disse seu pai: "O garoto se interessa por *tudo* — mas só Deus sabe onde isto irá levá-lo." Um ensaio que escreveu para o Fausto parecia tão adulto, que o professor recusou-se a acreditar que ele o havia escrito. Seus companheiros de escola caçoavam de seu interesse por filosofia e o apelidaram de "Patriarca Abraão". Jung não se sentiu totalmente insatisfeito com o apelido; afinal, ele denotava uma certa influência.

As duas metades de sua personalidade chamou-as de Número 1 e Número 2. Número 1 era o garoto da escola, a parte que estava em contato com o mundo exterior; Número 2 era o velho sábio. À medida que foi ficando mais velho, a personalidade Número 1 passou a se interessar cada vez mais pela ciência, particularmente depois das férias em Entlebuch, onde conheceu um químico que "entendia o segredo das pedras". (Jung diz que o venerava, e é provável que tenha sido este o homem responsável pela agressão sexual que tanto o chocou.) Estudando ciência, descobriu que as dúvidas a respeito de si mesmo eram eliminadas. Uma outra experiência deste período foi igualmente importante. Jung foi visitar uma destilaria e, provando diversas bebidas fortes, acabou num delicioso estado de embriaguez. Para sua surpresa, compreendeu que toda a sensação de divisão do si-mesmo havia desaparecido, e que ele experimentava uma maravilhosa sensação de força e afirmação. Apesar da ressaca, ele se recorda da experiência como um *insight* de beleza e significado — uma descoberta que gerou muitos alcoólatras.

Uma outra experiência propiciou-lhe uma premonição de alívio. Ele viajava de volta para casa com seu pai, via Lucerna, e, pela primeira vez, vinha num barco a vapor. Em Vitznau, subiu até o topo de uma montanha em uma pequena locomotiva e, ao chegar ao cume, experimentou novamente uma enorme sensação de deleite e alívio. "Eu já não sabia o que era maior — se eu ou a montanha. . . Este foi o maior e mais precioso presente que recebi de meu pai."

Num dia tempestuoso, indo a pé para a escola ao longo do Reno, Jung viu uma embarcação que navegava a todo vapor para fugir à tempestade, e imaginou uma cidade medieval, erguida sobre um lago, na qual se elevava um castelo fortificado sobre um rochedo. (Curiosamente, Yeats também imaginara um castelo erguido sobre um rochedo.) Ele, Jung, vivia no castelo e era o Juiz da Paz e o árbitro na cidade. A parte mais importante do castelo era a fortaleza, em cujas torres havia uma coluna de cobre que se ramificava em finas extensões, as quais, de alguma forma, conduziam a energia retirada do ar, para o porão — o laboratório de Jung, onde ele fabricava ouro usando esta energia. Durante alguns meses, o caminho de ida e volta da escola foi encurtado por deliciosas fantasias sobre a cidade e o castelo. Então, como de costume, cansou-se da fantasia e passou a se dedicar à construção de um castelo de verdade; fazia modelos de barro e pedras. Uma vez mais, sem perceber, vivia simbolicamente a experiência básica dos poetas românticos do séc. XIX, e emergia dos sonhos para a realidade. A personalidade Número 1 se tornava forte o bastante para encarar o mundo.

E isto foi muito bom, pois estava próximo o momento em que Jung tinha que começar a pensar numa carreira. E para o filho de um pastor protestante condenado à pobreza isto era um enorme problema. Agradava-lhe a idéia de se tornar um arqueólogo; mas não havia um departamento de arqueologia na Basiléia. A próxima opção seria zoologia: ele era fascinado por animais e pássaros; mas isto o qualificaria apenas para ser um mestre ou um assistente num jardim zoológico. A idéia de se tornar um pastor como seu pai estava completamente fora de cogitação. A única carreira pela qual sentia um pouco de atração era a medicina — a profissão de seu avô. Isto não significava que Jung tivesse qualquer vocação para medicina; significava, simplesmente, que ela lhe possibilitaria estudar ciência.

Não havia nem mesmo a certeza de que poderia freqüentar a universidade da Basiléia; seu pai não poderia arcar com tal despesa. Foi então que seu pai solicitou à Universidade uma bolsa, e Jung ficou surpreso e envergonhado quando esta foi concedida; envergonhado porque estava plenamente convencido de que as autoridades responsáveis pela Universidade não gostavam dele. Numa série de passagens, Jung menciona que possuía uma personalidade que despertava antipatia entre os professores e estudantes, mas não explica por que isso acontecia. A explicação pode ser encontrada numa passagem em que Bernard Shaw fala sobre os primeiros anos de sua face adulta: "Quando um jcvem não conseguiu nada e não está fazendo nada, e quando ele é obviamente tão pobre, que deveria estar fazendo alguma coisa com muito empenho, é preferível tentar vê-lo assumir uma autoridade na conversação e uma igualdade no linguajar, que somente o sucesso absoluto e a habilidade incomum poderiam tornar possíveis. E isto é o que fazem, de maneira bastante inconsciente, os jovens que possuem a potencialidade para tal sucesso e habilidade." * Jung tentava desenvolver sua personalidade Número 1, e sua auto-afirmação inconsciente deve ter causado a irritação de muitos.

A esta altura de sua vida — no início de sua carreira universitária — Jung estava perfeitamente ciente do contraste existente entre suas "duas personalidades". "Com os olhos da Número 1 eu me via como um jovem desagradável, relativamente talentoso, que possuía grandes ambições, um temperamento indisciplinado e procedimentos incertos, oscilando entre o entusiasmo ingênuo e as crises de decepção infantil: em sua essência mais profunda, um eremita, um obscurantista. Por outro lado, a personalidade Número 2 considerava a Número 1 como uma tarefa moral difícil e não-recompensadora; uma lição que se deveria aprender de alguma forma, complicada por diversos fatores tais como crises de preguiça, desânimo, depressão, entusiasmo inepto para idéias e coisas que ninguém valorizava, propensão a amizades imaginárias, limitada, prejudicada, tola. . ." Desde que descobrira Goethe, Jung sentia-se tentado a identificar sua personalidade Número 2 com Fausto.

Se Jung tivesse tido a sorte de esbarrar num livro de um importante escritor americano, Thomson Jay Hudson, intitulado *The Law of Psychic Phenomena* (*A Lei dos Fenômenos Psíquicos*), 1893, sem dúvida teria compreendido em maior profundidade suas duas personalidades, e as relações entre uma e outra. Hudson, um editor de jornal, fascinara-se pela hipnose e pelas forças incomuns que ela parecia despertar nas pessoas a ela submetidas. Elaborou a interessante hipótese de que o homem possui duas "mentes", às quais chamou de mente objetiva e mente subjetiva. A mente objetiva é a parte de nós que olha para fora, para o mundo exterior, a parte que "enfrenta", a realista. A mente subjetiva volta-se para dentro, e diz respeito aos sentimentos, sensações, emoções. A afirmação mais importante de Hudson é a de que todos nós nos "identificamos" com a

---

* Prefácio à *Imaturidade*.

mente objetiva; sentimos que ela é o que "somos". A mente subjetiva permanece em estado latente, oculta na sombra, por assim dizer. Sob hipnose, a mente objetiva adormece e a mente subjetiva está livre para se expressar. Ela é capaz de, por exemplo, manifestar incríveis poderes de memória, evocando lembranças detalhadas da infância; pode ainda mostrar uma criatividade intelectual e artística incomum. Num importante episódio da década de 1890, lembrado por Theodore Flournoy, uma jovem em transe descreveu com detalhes uma "encarnação" anterior como princesa hindu, além de visitas ao planeta Marte, com detalhes surpreendentes de suas cidades, seus habitantes e da língua ali falada. Hudson dizia que as forças da "mente subjetiva" são muito mais surpreendentes do que imaginamos — que, por exemplo, ela é capaz de se comunicar telepaticamente e de curar pessoas mesmo a distâncias superiores a milhares de milhas. Na verdade, Hudson estava convencido de que os milagres de Jesus decorriam simplesmente do fato de estarem extraordinariamente combinadas as mentes objetiva e subjetiva.

O livro de Hudson foi uma sensação na América da década de 1890; infelizmente, tal sucesso parece não ter chegado à Basiléia. Certamente esta obra teria propiciado a Jung o *insight* de que ele precisava para compreender que não era uma espécie de fenômeno com uma personalidade dividida, mas simplesmente uma pessoa que se conscientizou da presença de sua própria "mente subjetiva", que para a maioria das pessoas nada mais é do que uma sombra que às vezes brilha num canto dos olhos. Ao invés disto, Jung dramatizou a personalidade Número 2 como o velho sábio calçando sapatos do séc. XVIII, ou como o Fausto, de Goethe — mais tarde, até como o Zaratustra, de Nietzsche. E isto acarretou-lhe alguns problemas, pois ele era incapaz de admirar a indiferença de Fausto —na verdade, sentia-se inclinado a considerá-lo antes um louco —, ao passo que repugnava a linguagem bíblica, rapsódica do Zaratustra, a qual considerava rebuscada demais.

Jung não compreendeu, também, que a personalidade Número 2 era a fonte de sens sonhos. Sempre atribuiu uma enorme importância aos sonhos, e não é sem razão que sua autobiografia se intitula *Memórias, Sonhos, Reflexões*; ela provavelmente contém mais descrições de sonhos do que qualquer outra autobiografia. Desde logo, porém, percebeu claramente que seus sonhos *diziam-lhe* alguma coisa. E um de seus sonhos mais importantes ocorreu por esta época. Ele caminhava durante a noite, tocado pelo vento e envolto por denso nevoeiro, carregando em suas mãos uma pequena lanterna; sabia que tudo dependia de manter acesa aquela chama. Olhou para trás e viu que estava sendo seguido por uma gigantesca figura negra, que o aterrorizou; entretanto, sabia ainda que deveria evitar que a chama se apagasse. Quando acordou, compreendeu que a figura negra era sua própria sombra, um Espectro das Sombras, projetado pela lanterna que carregava. "Eu sabia que esta pequena luz era minha consciência, a única luz que possuía. Minha própria compreensão é o único tesouro que possuo, e o mais valioso. Embora infinitamente menor e mais frágil, se comparado com os poderes das trevas, ela ainda é uma luz, minha única luz." Desde o dia em que acabou com seus ataques de desmaios através de um esforço de vontade, Jung havia reconhecido, instintivamente, que a mente humana é muito mais poderosa do que podemos imaginar. Foi este o *insight* que acabou por gerar o rompimento com Freud, e evoluiu para sua própria psicologia.

O pai de Jung tornava-se cada vez mais tenso e irritado; na verdade, ele se aproximava do final de sua vida, sofrendo de "uma doença que não tinha um fundamento médico definido".* Durante o primeiro ano em que cursou a Universidade de Basiléia, Jung convenceu-se pouco a pouco de que seu pai era um homem fadado ao patético fracasso. Sentia que "os portões áureos para... a liberdade acadêmica abriam-se para mim"; estes mesmos portões

* Vincent Brome: *Jung*, p. 60.

já haviam sido abertos um dia para seu pai. Quando seu pai participou de uma excursão da irmandade a um vilarejo vitícola e proferiu um discurso humorístico, Jung percebeu que o espírito daquela época em que seu pai fora aluno reapareceu por alguns momentos. Entendeu, também, que a vida de seu pai estacionara depois de sua formatura, e que desde então fora um prolongado anticlímax. Porque ela se tornara tão acre? Jung não conseguia achar a resposta. Pouco tempo depois, seu pai caiu de cama e morreu, tendo Jung a seu lado. Sua mãe, que normalmente parecia ser uma mulher insensível, até tola, mas que ocasionalmente demonstrava lampejos de sua "personalidade Número 2", disse em sua voz Número 2: "Ele morreu antes que fosse tarde para você." Para Jung, estas palavras significaram que, agora, ele estava finalmente livre para escolher seu próprio caminho e para assumir as responsabilidades de um adulto. De fato, mudou-se para o quarto de seu pai, passando a dar a sua mãe, em pequenas quantias, o dinheiro para a economia do lar, pois ela era incapaz de controlar as finanças da família.

A despeito da bolsa da Universidade, a época de estudante de Jung foi de infinita pobreza. Mais tarde ele diria: "Eu não me privaria desta época de pobreza. Nela, aprende-se a valorizar as coisas simples."

Começou a ler Nietzsche e achou-o inebriante, particularmente o *Zaratustra.* Entretanto, reconheceu que Zaratustra era a personalidade Número 2 de Nietzsche e que o filósofo permitira que ela se tornasse seu si-mesmo dominante. O resultado foi a linguagem rebuscada de *Zaratustra,* e a crescente auto-afirmação obsessiva de Nietzsche, que acabou em loucura. (Aparentemente Jung não sabia que a loucura de Nietzsche era decorrente da sífilis.) Leu, também, a extraordinária obra de Edouard von Hartmann — agora no esquecimento —, *A Filosofia do Inconsciente,* na qual Hartmann defende a idéia de que a natureza é guiada por uma enorme vontade inconsciente. O "inconsciente" de Hartmann não era a mente inconsciente que foi "descoberta" por Freud na década de 1890; mas as centenas de exemplos que o autor cita a respeito do comportamento instintivo de animais e pássaros provavelmente propiciaram a Jung um *insight* ao reino inconsciente, *mas cheio de intencionalidade,* do instinto. Jung ainda era um romântico típico, procurando alguma coisa que desse à sua vida direção e propósito. E Hartmann e Nietzsche alimentavam as chamas de sua rebelião intelectual.

Mas houve uma influência ainda mais importante. Na biblioteca do pai de um colega encontrou um pequeno livro sobre os primórdios do espiritismo. Este começara na América do Norte, em 1848, na casa da Família Fox, no estado de Nova Iorque, quando estranhos ruídos de pancadas levaram os habitantes a crer que a casa estava "mal-assombrada". As duas filhas do Fox, Kate e Margaret, estabeleceram contato com a "entidade" através de um código de batidas, e dizia-se que esta "entidade" era um mascate que fora assassinado na casa — mais tarde foram encontrados ossos humanos enterrados no porão. A despeito da oposição da Igreja, o "espiritismo" alastrou-se rapidamente pela América, e depois para a Europa. As pessoas que, como as irmãs Fox, eram capazes de entrar em transe e estabelecer contato com "espíritos" ficaram conhecidas como "médiuns". Na França, na década de 1850, um educador chamado Denizard Rivail descobriu que as duas filhas de um amigo eram excelentes médiuns, e começou a endereçar aos "espíritos" toda a sorte de perguntas sobre a vida depois da morte e sobre o significado da existência humana; em 1857, publicou os resultados sob o pseudônimo de Allan Kardec, num livro chamado *O Livro dos Espíritos*; a obra se transformou na "Bíblia do espiritismo" e teve enorme repercussão. Em pouco tempo o espiritismo tornou-se uma religião. Na década de 1880, um grupo de filósofos ingleses liderados por Henry Sidgwick e Frederic Myers decidiu fundar uma sociedade para a investigação científica de fantasmas, espíritos, telepatia e outras manifestações da paranormalidade, que se transformou na Sociedade de Pesquisas Psíquicas.

Assim, quando Jung descobriu o espiritismo, aos vinte e dois anos, já havia um grande número de trabalhos sérios sobre a pesquisa psíquica, bem como incontáveis volumes de anedotas inconfiáveis sobre espíritos e sobre a "segunda visão". Jung dedicou-se com afinco ao tema, lendo tudo que podia encontrar. A maioria dos companheiros de Universidade com quem falava sobre o assunto ou era cética, ou não se interessava. Mas Jung compreendeu rapidamente que quando se registram fenômenos ocorridos no mundo inteiro, por milhares de anos, é absurdo desconsiderá-los como o resultado de fraude ou imaginação. "Eu ficava impressionado com a segurança com que eles afirmavam que coisas como fantasmas e mesas que se moviam eram impossíveis e, conseqüentemente, fraudulentas; por outro lado, surpreendia-me a natureza evidentemente ansiosa de suas defensivas. Para mim, estas possibilidades eram extremamente interessantes e atrativas. Elas acrescentavam uma outra dimensão à minha vida; o mundo ganhava profundidade e bases."

Jung reconheceu que estas crenças em espíritos, premonição, clarividência animal, relógios que paravam no momento em que alguém morria, haviam sido tomadas como ponto pacífico pela maioria das pessoas do campo em sua infância, e agora suas leituras de obras sérias a respeito de fenômenos psíquicos convenciam-no de que tais coisas não podiam ser tomadas como superstições. Contudo, o mundo sofisticado da Basiléia as rejeitava. Fortalecia sua auto-estima o fato de ver tão claramente que o mundo urbano era ridiculamente tacanho. Mas sua intolerância e força de argumentação geraram a antipatia dos outros e despertaram, uma vez mais, os velhos sentimentos de inferioridade e dúvida sobre si mesmo, que haviam sido combatidos e eliminados.

Seus estudos científicos atuavam como um contrapeso para o seu interesse pelo ocultismo. Tornou-se assistente-júnior de anatomia, ficando depois responsável por um curso de histologia, o estudo dos tecidos orgânicos. Tal fato foi de extrema importância para quem precisava tanto de sucesso como Jung. Tornou-se um pesquisador obcecado; a ciência transformou-se em sua mais importante forma de crença. Uma vez mais, a experiência de superar seus ataques de desmaios e o mergulho nos estudos provavam ser a chave para o seu autodesenvolvimento.

Em breve, Jung experimentaria uma incursão do oculto em sua vida pessoal. Certo dia, quando lia seus livros, ouviu um estampido — como um tiro de revólver — vindo da sala de jantar, ao lado, onde sua mãe estava sentada. Apressou-se em direção ao local e constatou que a mesa redonda de nogueira rachara da borda até o centro. Não havia uma causa evidente; era um dia de temperatura amena e a madeira da mesa havia secado por mais de setenta anos. Duas semanas depois, ao chegar em casa, Jung encontrou sua mãe e sua irmã num estado de agitação; havia ocorrido um outro estampido forte, mas elas não conseguiam descobrir o que havia acontecido. Jung examinou o guarda-louças, de onde o som aparentemente tinha vindo; dentro, constatou que a faca de pão havia se quebrado em diversos pedaços. No dia seguinte, levou a faca quebrada a um cuteleiro, para saber se ele teria alguma explicação para o fato; o cuteleiro disse que parecia que alguém havia quebrado deliberadamente a lâmina, um pedaço de cada vez, enfiando-a numa fenda.

Poucas semanas depois, Jung ficou sabendo que sua prima, Helly (Hélène) Preiswerk, desenvolvera poderes mediúnicos. Seu avó, um hebreu erudito, reverendo Samuel Preiswerk, possuía estes poderes a um grau tal, que vivia numa casa com duas esposas: uma viva e outra morta. Para o desespero de sua segunda esposa, o reverendo Samuel recolhia-se ao seu escritório uma vez por semana para conversar com o espírito de sua primeira esposa, que se sentava numa cadeira especialmente reservada para ela; esta situação "Noel Coward" parece ter continuado por vários anos. Outros membros da família também tinham poderes mediúnicos; e, como pudemos ver, Jung considerava sua mãe uma mulher de dupla personalidade, uma das quais possuindo poderes sobrenaturais latentes.

Em 1889, Helly Preiswerk era uma colegial de 15 anos, pouco atraente, que possuía um rosto alongado, pálido, e uma boca pequena, com lábios pouco salientes; foi descrita por Jung como sendo de "inteligência medíocre, sem qualquer dote especial". Helly tivera uma infância infeliz; sua família era muito numerosa e as crianças eram ignoradas pelo pai e brutalmente tratadas pela mãe. De educação pobre, a garota conhecia pouco, ou quase nada de literatura.

Em julho de 1899, começou a participar de experiências sobre "movimentos de mesas", que tinham a mesma popularidade dos jogos de salão; um grupo sentava-se ao redor de uma mesa leve, tocando-a apenas com as pontas dos dedos, e tentava fazê-la movimentar-se. Sob circunstâncias favoráveis, a mesa começa a vibrar, podendo, então, deslizar pelo chão, erguer-se sobre apenas duas de suas pernas, ou até mesmo flutuar no ar. Numa destas sessões, Helly subitamente ficou muito pálida, fechou os olhos e entrou em transe. Começou a falar com uma voz bastante diferente da sua, e em alemão literário, ao invés de seu dialeto suíço. Quando recobrou a consciência, não se lembrava de nada do que havia ocorrido, mas sentia uma forte dor de cabeça.

No mês seguinte, Jung ficou sabendo destes estados de transe e começou a freqüentar as sessões de domingo à noite. Nesta época, Helly tinha um "guia" ou controle, que se dizia ser seu avô, o reverendo Samuel Preiswerk, e que gostava de fazer extensos discursos religiosos. Um grande número de "espíritos" começou a falar através de Helly. Um deles dizia ser o irmão morto de um homem que estava presente, e flertava escandalosamente com uma das senhoras; outros se identificavam como parentes falecidos da médium. Apareceu, então, um homem que falava com um sotaque próprio do Norte da Alemanha, chamado Ulrich von Gerbenstein. Havia também uma garota que falava muito depressa num idioma que soava como uma mistura de francês e italiano, ambas as línguas sendo desconhecidas da médium. Por fim, surgiu um espírito de nome Ivenes, que dizia ser "a verdadeira Hélène Preiswerk". Ivenes dizia que fora Friederika Hauffe, a famosa "vidente de Prevorst", sobre quem Justinus Kerner escrevera um livro célebre; a mulher de um clérigo, que havia sido seduzida por Goethe; uma condessa da Saxônia; uma nobre francesa do séc. XIII que fora queimada como bruxa; e uma mártir cristã. O que surpreendia Jung era o fato de Ivenes parecer ser uma mulher madura e equilibrada, dotada de um conhecimento considerável — muito mais extenso do que aquele que Helly poderia adquirir. Jung disse que "ela era capaz de falar tão seriamente, com tanta firmeza e convicção, que qualquer pessoa poderia se perguntar: trata-se realmente de uma jovem de quinze anos e meio? Tinha-se a impressão de que se estava representando o papel de uma mulher madura, com um talento consideravelmente dramático.

Helly dizia que passava todas as quarta-feiras na companhia de espíritos, os quais ela era capaz de ver claramente; explicava coisas sobre os "habitantes das estrelas", que não possuíam almas divinas, mas que eram muito mais avançados na ciência, e descrevia os canais e as máquinas voadoras de Marte. Mais tarde desenvolveu um sistema místico complexo, no qual as forças do universo organizavam-se simbolicamente em sete círculos — quando, anos mais tarde, Jung se deparou com o símbolo da Mandala, concluiu que Helly o havia retirado do inconsciente coletivo.

No decorrer dos anos de 1899 e 1900, o nível qualitativo das sessões começou a decair, pois, muitas vezes, espíritos comuns falavam durante horas. Aparentemente, os poderes de Helly se estavam extinguindo. Um dia, quando confessou a Jung que havia simulado transes, ele perdeu o interesse pela prima. Alguns anos mais tarde, ao encontrá-la em Paris, o assunto das sessões foi discretamente evitado. Helly tornou-se modista em Montpellier, e morreu aos trinta anos. Depois de sua morte, Jung surpreendeu-se pensando se a mente inconsciente de Helly sabia que ela estava destinada a morrer jovem, e se a personalidade de Ivenes não seria uma espécie de compensação para isto, uma tentativa de se tornar a mulher madura, de meia-idade, que ela nunca viria a ser.

Em 1902, Jung escreveria sua tese de doutoramento, "A Psicologia e a Patologia dos Chamados Fenômenos Ocultos" — trata-se fundamentalmente de uma descrição detalhada do caso Helly Preiswerk. Naquela época, Jung concluíra que Helly era um caso de "personalidade múltipla" — um fenômeno intricado, e ainda parcialmente ininteligível, segundo o qual um número de pessoas parece assumir um mesmo corpo (o caso das "três faces de Eva" talvez seja o mais famoso dos últimos anos). De acordo com esta teoria, Helly seria uma espécie de Walter Mitty, cuja vida de fantasia compensatória consistia em fragmentar sua mente inconsciente, gerando as diversas personalidades. Thomson Jay Hudson, em *The Law of Psychic Phenomena (A Lei dos Fenômenos Psíquicos),* chegou a uma conclusão semelhante sobre o espiritismo — para o autor, estes fenômenos nada mais são do que manifestações das forças incrivelmente inventivas e criativas da "mente subjetiva". Hudson estivera presente numa sessão de hipnose, na qual se disse a um jovem que ele estava sendo apresentado a Sócrates; o jovem pareceu profundamente impressionado e começou a manter uma conversação unilateral com o filósofo grego. Solicitado pelo hipnotizador a repetir o que Sócrates dizia, o jovem desenvolveu um sistema filosófico tão complexo e brilhante, que algumas pessoas presentes sentiram-se inclinadas a acreditar que ele de fato *conversava* com o espírito de Sócrates.

Não obstante, como pudemos observar, o próprio Jung finalmente acabou por rejeitar esta visão totalmente "humana" da paranormalidade e, tacitamente, passou a aceitar a existência de espíritos. A abordagem "psicológica" do espiritismo não é capaz de abarcar toda a série de fenômenos imensamente complexos que ele implica. Exemplo disto é o famoso caso de *"Cross Correspondence" ("Correspondência Cruzada"):* um certo número de médiuns em diferentes partes do mundo recebiam "mensagens" que supostamente vinham de alguns fundadores, já falecidos, da Sociedade de Pesquisa Psíquica; tais mensagens só faziam sentido quando reunidas, como em um quebra-cabeça. O próprio Jung era amigo de um homem, J. H. Hyslop, que tivera uma prova convincente da sobrevivência, envolvendo nada menos que a figura de William James. James e Hyslop prometeram um ao outro que aquele que morresse primeiro, tentaria "voltar". Durante anos depois da morte de James, em 1910, nada havia acontecido. Então, uma carta vinda da Irlanda comunicou a Hyslop que um "espírito" chamado William James havia se comunicado por meio de uma prancheta, e pedira aos presentes para entrarem em contato com um certo professor Hyslop para perguntar se ele se lembrava de uns pijamas vermelhos. Hyslop ficou confuso; isso não fazia o menor sentido para ele. Então, num lampejo de memória, lembrou-se do ocorrido: quando jovens, Hyslop e James, em férias na Europa, chegaram em Paris já muito tarde da noite e constataram que sua bagagem ainda não tinha chegado. Hyslop saiu para comprar pijamas e só conseguiu encontrar dois pijamas vermelhos-escuros; durante alguns dias, James caçoou do mau gosto de Hyslop para pijamas. Mas Hyslop havia se esquecido há muito do incidente.

Seria difícil imaginar uma prova mais convincente de "sobrevivência". E em vista do conhecimento direto de Jung sobre o caso, é difícil compreender como ele pôde aceitar o aspecto "psicológico" dos fenômenos psíquicos. A explicação impiedosa seria a de que se tratava puramente de desonestidade intelectual, o "duplo-pensar" tão característico de muitos cientistas que desejam ser vistos como sendo de "firme opinião" (uma expressão cunhada por William James). Entretanto, também devemos ter em mente que Helly Preiswerk era prima de Jung, e que Jung rapidamente reconheceu que ela apreciava imensamente a atenção que recebia em conseqüência de seus transes. Helly não era uma médium famosa — apenas uma gorda que Jung conhecera desde a infância. Era inevitável que o parentesco com Jung gerasse um certo desrespeito — revelado em seu comentário de que ela possuía "uma inteligência medíocre, sem qualquer dote especial". Além disso, ela finalmente admitiu estar trapaceando nas últimas sessões. Era natural que um jovem doutor se sentisse propenso a abordar o caso de Helly de uma perspectiva "reducionista".

Entretanto, quando muito tempo depois, Jung encontrou o *Manual de Psiquiatria*, de Krafft-Ebing, com seus comentários a respeito das "doenças da personalidade", a lembrança que tinha daquelas sessões certamente contribuiu para o estado de excitação que dele se apoderou. As conferências sobre psiquiatria que faziam parte de seu curso de medicina deixavam-no aborrecido, porque a maioria dos doutores daquela época considerava a enfermidade mental como sendo de origem física — conseqüência da degeneração do tecido cerebral, ou de doenças do sistema nervoso. Krafft-Ebing sugeria que a resposta deveria ser procurada no reino da alma humana — a "psique". O resultado deve ter sido semelhante à porta que se abre repentinamente. "Estas poucas sugestões lançaram uma luz tão transfiguradora sobre a psiquiatria, que eu fiquei irrecuperavelmente enfeitiçado pelo seu encanto." Jung sentia-se como um explorador que subitamente obtivera provas da real existência de Atlântida ou das minas do rei Salomão.

"Estava tomada a decisão. Quando informei meu professor de medicina interna a respeito de minha intenção, pude ler em seu rosto o assombro e a decepção. Minha velha ferida, a sensação de ser um *outsider* e de alienar pessoas, começava a doer novamente." Mas com o caminho que agora se abria para a descoberta, ele não mais se preocupou com o fato de ser um *outsider*. Finalmente encontrara uma direção.

CAPÍTULO DOIS

De como se tornar um cientista

Jung teve muita sorte ao ser aceito por Eugen Bleuler — um dos psiquiatras pioneiros na Europa — como assistente no Hospital Burgholzli para enfermos mentais, em Zurique. Bleuler, a quem se deve a invenção do termo esquizofrenia, era diretor do Hospital Burgholzli há apenas dois anos, quando Jung ali chegou, em dezembro de 1900. Antes disto, ele fora responsável por um sanatório de doentes mentais em Rheinau, repleto de pacientes idosos, dementes, considerados irrecuperáveis e vivendo em estado vegetativo. Bleuler aceitara o cargo como um desafio e propusera-se, com muita determinação, a conhecer cada um destes pacientes pessoalmente e tentar chegar à origem de seus problemas. Ao invés de tratar suas delusões como absurdos incompreensíveis, Bleuler tentava entender exatamente o que as tinha gerado. Deve-se mencionar que Bleuler tratava as delusões dos pacientes como um crítico literário trata uma novela — como uma *criação* que pode ser compreendida. E numa época em que se considerava mas doenças mentais como sendo de origem física — doutrina conhecida como organicismo — ,tal postura significava um enorme passo à frente. Bleuler obteve um grande sucesso.

Jung descreveu o Hospital Burgholzli como uma espécie de monastério. Bleuler esperava de seus colaboradores a mesma devoção fanática com que ele se dedicava ao seu trabalho. Entretanto, não era autoritário — sua atitude assemelhava-se mais à atitude gentil de um irmão mais velho. Quando chegou, Jung sentiu-se embaraçado porque Bleuler insistiu em levar suas malas até o quarto.

Bebidas alcoólicas eram proibidas; a comida era abundante, mas simples. Jung tinha que se levantar às 6h30m e fazer a sua ronda antes da reunião do pessoal às 8h30m. As portas do hospital fechavam-se às 22h00 e só os médicos residentes tinham acesso às chaves.

Mas isto era exatamente do que Jung precisava. Finalmente encontrara alguma coisa capaz de absorver totalmente o seu entusiasmo. Para ele, o mundo mental dos pacientes era uma infindável série de enigmas fascinantes. Sua dedicação era muito maior do que a da maioria de seus colegas, razão pela qual sentia uma compreensível sensação de superioridade. Depois de alguns dias, começou a passar a maior parte do tempo sozinho, e em seis meses já havia lido todos os cinqüenta volumes da *Allgemeine Zeitschrift für Psychiatrie.* O fato de estar cercado por doentes mentais parece ter despertado o tipo de entusiasmo mórbido que a criança sente pela violência. "Eu queria saber como a mente humana reagia diante de sua própria destruição, pois para mim a psiquiatria parecia ser uma expressão articulada daquela reação biológica que se apodera da chamada mente sã na presença da enfermidade mental."

Escrevendo sobre este período, anos mais tarde, Jung revelou uma curiosa falta de generosidade em relação a Bleuler. Afirma que seu interesse centralizava-se em torno da seguinte questão: "O que acontece de fato no interior do doente mental?", e acrescenta uma afirmação surpreendente: "Nenhum dos meus colegas se preocupava com tais problemas." Este comentário parece incompreensível, uma vez que esta era precisamente a essência da contribuição de Bleuler. Jung também não reconhece sua dívida para com Bleuler. A explicação para isto provavelmente reside no fato de o fascínio de Jung pelos mistérios da enfermidade mental ser igual ao de Bleuler, e no fato de ele, conseqüentemente, não precisar do exemplo de Bleuler para se encorajar; assim, Jung considerava Bleuler com o ciúme inconsciente do homem que sente que outra pessoa se antecipou à sua própria descoberta. O que parece claro é que Jung lançou-se ao trabalho no hospital com a mesma dedicação de Bleuler.

Bleuler suspeitava de que doenças como a esquizofrenia (perda do contato com a realidade) deviam-se, em parte, a alguma causa física: uma deficiência hormonal, por exemplo. (E descobertas recentes sugerem que ele talvez estivesse certo.) Sua real contribuição, porém, foi o reconhecimento de que a enfermidade é basicamente uma questão da *vontade* própria do paciente, ou da falta dela. No primeiro caso, o problema principal consistia em estimular o paciente a usar sua vontade, ao invés de permanecer como um peso morto, passivo. Nesse sentido, ele deveria, por exemplo, liberar um paciente gravemente enfermo para voltar à sua vida familiar — uma idéia semelhante à de ensinar alguém a nadar atirando-o na piscina. Bleuler foi também um pioneiro da "terapia ocupacional".

Jung cita um exemplo do tipo de caso que o fascinava. Uma de suas pacientes sofria de depressão aguda. Estudando seus sonhos, e submetendo-a a "testes de associação de palavras" — uma das maiores inovações de Jung no Hospital Burghölzli —, descobriu uma história de culpa que explicava a enfermidade da paciente. Ela se apaixonara pelo filho de um rico industrial, mas como ele parecesse indiferente a ela, casou-se com um outro homem. Cinco anos mais tarde, um velho amigo contou-lhe que o jovem *estivera* apaixonado por ela, e sentira-se desgostoso quando ela se casou. A jovem começou a sentir-se deprimida. Um dia, quando estava dando banho em seus filhos, percebeu que a filha menor sugava a água da esponja — água de rio, infectada; sua depressão fez com que ela permanecesse indiferente àquilo. De fato, permitiu que seu filho menor também bebesse a água do rio. A menina morreu, mas o garoto escapou ileso. A menina era a sua favorita, e pouco tempo depois deste acontecimento sua depressão atingiu um ponto tal, que parecia tratar-se de esquizofrenia; a mulher foi hospitalizada.

Tendo descoberto o segredo de sua paciente, Jung se deparava agora com o problema de o que fazer. Decidiu contar tudo a ela. Tal decisão parecia ser a correta. O fato de saber que alguém compartilhava de seu segredo teve sobre ela o efeito de uma confissão; em duas semanas, ela estava suficientemente boa para receber alta, e nunca mais voltou a ser hospitalizada.

Naturalmente foi uma decisão extremamente arriscada, e Bleuler, com sua profunda preocupação com o paciente, certamente não a teria tomado. Lendo o relato de Jung sobre seus casos, é impossível ignorar que seu sucesso devia-se em parte a um elemento de crueldade; ele era dominado antes pela curiosidade do que pela compaixão. Esta mesma crueldade pode ser observada num caso que se verificou posteriormente, envolvendo o diretor do Banco da Inglaterra, *Sir* Montagu Norman; *Sir* Norman tornara-se maníaco-depressivo e, em sua fase maníaca, tinha delírios de grandeza. Delírios de grandeza são algumas vezes associados à sífilis e à paralisia geral do alienado. Jung pediu um exame de sangue, e comunicou a Norman que ele era sifilítico. O irmão de Norman, Ronald, ouvindo o relato de seu irmão, a esta altura um homem arrasado, apressou-se em ver Jung. Jung confirmou seu diagnóstico e disse que Norman morreria dentro de alguns meses. Na verdade, o exame de sangue provou estar errado, e Norman foi tratado por um outro médico, especialista em maníacos depressivos, recuperando-se parcialmente. A supervitalidade de Jung parece ter embotado a fina lâmina da simpatia humana, tão necessária ao bom psiquiatra.

O que tanto estimulava Jung nestes primeiros dias era o reconhecimento de que a enfermidade mental tinha suas raízes na mente inconsciente, e não na degeneração dos sistemas nervoso e cerebral. Conseqüentemente, ela podia ser reduzida a um único problema: como "penetrar" o inconsciente e descobrir o que se passa no seu interior? Naquela época, o método mais utilizado era o da associação de palavras, um teste inventado por *Sir* Francis Galton e aprimorado por Wundt. Ao constatar que o tempo de reação era maior quando a palavra tinha associações desagradáveis, o psiquiatra subitamente se via em posse de uma pista para as repressões do paciente.

Um dos *insights* mais importantes de Bleuler foi o de que a esquizofrenia envolvia uma liberação das associações mentais do paciente. A consciência, afinal, é uma questão de associações. Se uma vaca olha para um guarda-chuva, este nada significa para ela, pois um guarda-chuva não possui associações para uma vaca; para um ser humano ele possui diversas. Nossas mentes são uma *teia de associações.* Quando uma pessoa se torna negligente, como a mãe que deixa seu filho beber água poluída, são as associações que estão sendo negligenciadas. Assim, quando Bleuler reconheceu que o teste de associação de palavras poderia oferecer uma pista para a enfermidade mental, deu um passo concreto para a compreensão da "geografia da consciência".

Jung já tinha inventado seu próprio estetoscópio mental para sondar o inconsciente: a análise dos sonhos. Desde criança, ficara fascinado pelos seus próprios sonhos; pressentia, instintivamente, que eles tentavam "dizer-lhe" alguma coisa. Agora, utilizando a análise dos sonhos juntamente com o teste de associação de palavras, imaginava possuir a chave para muitos mistérios da mente. Jung se tornara, por assim dizer, um Sherlock Holmes da psiquiatria. Algumas vezes, seus próprios sonhos ajudavam-no a solucionar um caso. Certa vez, foi procurado por uma bela jovem judia, que sofria de grave neurose de ansiedade. Na noite anterior, ele sonhara com uma jovem, cujo problema era uma fixação paterna. Quando conversou com a jovem judia, e teve de admitir que não conseguia ter qualquer *insight* sobre seu problema, pensou: "Ela é a garota do meu sonho." Jung não conseguia detectar qualquer sinal de complexo de Electra, mas quando perguntou a ela a respeito de seu avô, a jovem fechou os olhos por alguns momentos, e Jung concluiu que estava ali a razão do problema. O avô da jovem fora um rabino, uma espécie de santo que tinha a reputação de possuir uma segunda visão. Seu pai deu as costas a tudo isto e abandonou a fé judaica. Jung subitamente disse à paciente: "Sua neurose é decorrente do medo de Deus que se apoderou de você." Mais tarde, sonhou que estava se ajoelhando e presenteava a jovem com um guarda-chuva, como se ela fosse uma deusa. Quando relatou a ela o sonho que tivera, a neurose da paciente desapareceu rapidamente.

Um caso como este leva o leitor a suspeitar de que Jung era mais louco do que sua paciente, e esta reação não é de todo injustificada. Para começar, Jung supõe que seu primeiro sonho lhe dizia alguma coisa sobre uma paciente que ele viu pela primeira vez no dia seguinte. Depois supõe que o avô da jovem era, de alguma forma, a chave para a sua neurose. Finalmente conclui que a jovem possuía as qualidades de uma santa, mas que, de alguma forma, caíra na armadilha da imagem que fazia de si como uma criatura bela, superficial, que não se preocupava com outras coisas além de roupas e namoricos. O que Jung fazia era usar suas próprias reações absolutamente irracionais para conseguir *insights* sobre problemas que desafiavam seu intelecto consciente. É provável que ele estivesse errado quanto à causa da neurose da jovem e quanto à sensação de ela possuir qualidades de uma santa. Mas seu instinto fez com que ele a tratasse como alguém que desejava ser tratada como uma deusa, não como uma garotinha tola; a conseqüência disto foi o fortalecimento da auto-estima da jovem e a cura de seu problema. Precisamos, também, levar em devida conta o próprio analista. Jung era de constituição forte: um homem belo, com uma personalidade dominadora; a simples força de sua presença — aliada à admiração que ele inspirava —, deve ter atuado sobre o ego da jovem como um bálsamo confortador. Não importa se Jung estava certo ou errado a respeito da jovem; fato é que ele descobriu intuitivamente o método certo de reanimar nela o auto-respeito e as forças vitais.

O caso exposto acima também nos leva a considerar, com muita cautela, a forma geral com que Jung abordava a psiquiatria. Ele queria vê-la como uma ciência exata, o que significava encontrar justificativas científicas para as coisas que fazia instintivamente. Seu artigo "Sobre os Chamados Fenômenos Ocultos", que versa sobre o caso de sua prima Helly, é um exemplo disto: Helly tem que ser encaixada num modelo que lhe sirva — neste caso, a personalidade múltipla. Entretanto, quando lemos a respeito do caso, percebemos que sua mediunidade era muito mais complexa do que a fantasia Walter Mitty, à qual Jung pretende reduzi-la; do mesmo modo, o caso de *Sir* Montagu Norman era mais complexo do que um caso de sífilis. Naquela primeira fase, Jung estava obcecado com a idéia de se apresentar como um membro integrante da comunidade científica, e o resultado disto foi uma espécie de rigidez em suas categorias mentais, uma falta de perceptividade.

Tentadora é a idéia de arrolar sua associação com Pierre Janet, no inverno de 1902-3, como um outro exemplo de falta de perceptividade. Jung conseguiu uma permissão para passar o inverno em Paris, estudando com Janet, que naquela época tinha cinqüenta e três anos de idade. Em 1885, Janet causara enorme sensação com um artigo a respeito de uma paciente chamada Leonie, um sujeito excepcionalmente bom para a hipnose e um extraordinário caso de múltipla personalidade.* Janet era capaz de colocar Leonie num estado de hipnose mesmo quando ela se encontrava do outro lado de Le Havre, e pedir a ela que viesse até sua casa. Uma tal descoberta deveria ter revolucionado a psicologia; entretanto, era demasiado assustadora para ser absorvida, mesmo por Jung.

---

* Ver *Mysteries*, de minha autoria, p. 209.

Em 1902, qundo foi a Paris, Janet havia desenvolvido uma teoria simples e inteligível sobre as causas da enfermidade mental. Como Bleuler, Janet reconhecia que uma doença como a esquizofrenia era uma *dispersão* da atenção, a perda de concentração; tal noção, nós a exprimimos exatamente quando dizemos que alguém "não está totalmente ali". Totalmente, onde? *Ali*, onde a mente deveria se concentrar. Focalizar, concentrar, são atos mentais, e são funções da vontade, assim como a respiração é uma função dos pulmões e a digestão uma função do estômago. Uma pessoa saudável é definida como sendo capaz de focalizar as coisas e nelas se concentrar com um senso de propósito vital.

Janet descrevia este ato de focalizar como uma "tensão psicológica". A tensão psicológica é a *ordenação* deliberada de nossa "força psicológica" — nossas energias.

Se observo uma paisagem com uma expressão de tédio, tal postura gera uma sensação que poderia ser assim traduzida: "Ah, *não*!", seguida de uma perda de "tensão psicológica"; minha energia parece se dispersar, como um copo de água derrubado sobre a mesa. Inversamente, no momento em que passo a me interessar profundamente por alguma coisa, aumento minha tensão psicológica e a conseqüência disto é uma súbita sensação de aumento de energia e vitalidade — força psicológica.

Neste sentido, existe aqui algo de muito importante: sou responsável por minha própria vitalidade. Simplesmente tenho que dizer a mim mesmo: "Que fascinante!", e me *concentrar*, para que minha tensão vital seja imediatamente aumentada.

Mas se posso comandar minha própria vitalidade, o que provoca a neurose? O mecanismo é simples. No momento em que *permiti* o desenvolvimento da perda de tensão psicológica, a partir da preguiça, do tédio, ou de uma sensação de derrota, pequenos obstáculos transformam-se em grandes montanhas, e subitamente o inimigo real deixa de ser o mundo "lá fora", e se transforma em minhas próprias forças negativas — falta de confiança, autopiedade, dúvida em relação a mim mesmo. Sou como o dançarino balinês do filme de Danny Kaye, que consegue dar um nó em si mesmo. É o efeito do círculo vicioso.

O que pode nos libertar deste círculo vicioso de derrotismo e fraqueza? Qualquer desafio súbito, ou estímulo, que toque nosso *senso de realidade.* A neurose é essencialmente a perda de contato com a realidade. Todos nós possuímos uma "função realidade" — a habilidade de alcançar e estabelecer contato com a realidade. Naturalmente, esta função é mais fraca na criança do que no adulto, pois a criança tem um número menor de contatos com a realidade e, conseqüentemente, encontra mais dificuldades em evocar a realidade "dentro de sua própria cabeça", por assim dizer. Pois o que está em discussão é o seguinte: a habilidade de *invocar* a realidade, como se invoca o gênio da lâmpada, e de fazê-la presente dentro da cabeça de alguém. Tal noção explica por que vivemos em busca de experiência e odiamos a inatividade; queremos fortalecer nossa "função realidade".

Assim, o que Janet diz é que *podemos* fortalecer nossa função realidade e somos capazes de sair daquele pegajoso pântano da subjetividade. Quando isto ocorre, o processo é revertido. As grandes montanhas transformam-se em pequenos obstáculos no momento em que percebo que todos os problemas podem ser resolvidos, desde que eu aumente minha tensão psicológica: um tipo de determinação otimista. A neurose poderia ser comparada com um indivíduo que dorme envolto em cobertores e tem um pesadelo de que está sendo atacado por uma jibóia. No momento em que acorda, tenta, aliviado, entender que a situação era muito menos séria do que pensava. Somente sentira-se indefeso porque estava dormindo. Agora está acordado, sua *livre vontade* pode agir. E na medida em que invoca a tensão psicológica — aquele senso de determinação otimista — percebe que está invocando também a energia necessária para colocar em ação seus propósitos: força psicológica.

Resumindo, a psicologia de Janet é fundamentalmente otimista e não-mecanicista. E uma vez que o próprio Jung estava cheio de otimismo e entusiasmo naquele inverno de 1902, parece razoável esperar que ele considerasse Janet como um espírito irmão. Mas por que ele não procedeu assim? Provavelmente *porque* as idéias de Janet são muito sadias e otimistas. Jung estava acabando de emergir do mundo escuro do Romantismo alemão de Fausto, Schopenhauer e Nietzsche, e ocupava-se em contrabalançar este aspecto de sua personalidade com experimentos precisos, que aprofundavam sua própria "função realidade". Do ponto de vista do temperamento, Jung não simpatizava com a lógica e a clareza francesas de Janet.

Além disso, durante aquela primeira viagem a Paris, Jung estava com a cabeça em outras coisas, além da psicologia da neurose. Estava apaixonado por uma jovem atraente, sete anos mais jovem do que ele, que acabara de aceitar seu pedido de casamento. Jung conta que viu pela primeira vez Emma Rauschenbach — filha de um rico industrial — quando tinha vinte e um anos e ela catorze; ela estava de pé, no topo de uma escada num hotel de Zurique, quando Jung virou-se para seu companheiro e disse: "Aquela jovem será minha esposa." As cartas de amor de Jung ainda não foram publicadas; por esta razão, faltam-nos detalhes que esclareçam a maneira como evoluiu o romance; sabemos, porém, que ele a acompanhava a piqueniques e a levava a passear ao redor do lago. A primeira vez que ele a pediu em casamento, ela recusou, o que deve ter sido um choque para o ego de Jung, tão sadiamente desenvolvido. Mas quando ele partiu para Paris, ela resolveu aceitá-lo; e o fato de ele ter experimentado um certo "estado de leve intoxicação", durante todo aquele inverno, provavelmente se deve, em parte, a isto. Jung não parece ter sido um aluno particularmente assíduo — de qualquer forma, Janet dava apenas uma palestra por semana —, passando a maior parte do tempo passeando e olhando as paisagens. O dinheiro ainda era pouco e quase sempre seu jantar resumia-se a um saquinho de castanhas assadas.

Então, de volta a Zurique, começou uma nova vida. Em fevereiro de 1903, casou-se com Emma. O casal passou a lua-de-mel no lago de Como. Providenciou-se um apartamento para o casal no Hospital Burghölzli, bem em cima do apartamento de Bleuler. De um momento para o outro, a vida tornou-se deliciosa: refeições em sua própria casa, dinheiro suficiente para receber amigos, compras feitas na companhia de Emma. Todos gostavam dela e achavam que Jung fizera uma excelente escolha. Para Jung, habituado à pobreza, o casamento deve ter tido o antegosto do sucesso.

Jung estava obcecado por seu trabalho. Trabalhava com outros testes de associação de palavras, além de testes com um galvanômetro ligado à pele: uma espécie de detector de mentiras; seus ensaios sobre estes pacientes estão reunidos num grosso volume das Obras Completas. Mas a sorte estava do seu lado. Certo dia, uma senhora de 58 anos veio de muletas para assistir a uma de suas palestras; ela sofria de paralisia na perna esquerda. Começou a falar de seus sintomas, e Jung resolveu utilizá-la para demonstrar a hipnose a seus alunos. Para sua surpresa, a mulher entrou em transe assim que ele disse "vou hipnotizá-la". E enquanto Jung permanecia de pé, sentindo-se antes embaraçado, ela falava com eloqüência sobre seus sonhos. Meia hora depois, Jung tentou acordá-la; só conseguiu fazê-lo depois de dez minutos. Enquanto a mulher olhava confusa ao seu redor, Jung disse: "Sou o médico e tudo está bem!" "Mas eu estou curada!", gritou a mulher, e colocou de lado suas muletas. Jung voltou-se para seus alunos e disse, triunfante: "Agora vocês podem ver do que a hipnose é capaz!"

No verão seguinte, quando teve início seu novo ciclo de palestras, a mulher reapareceu queixando-se de violentas dores nas costas. Soube-se, mais tarde, que as dores haviam começado logo depois que ela leu nos jornais sobre as conferências de Jung. A mesma história se repetiu; ela entrou em transe espontaneamente, e acordou curada.

A mulher espalhou por Zurique as "curas milagrosas" de Jung, e foi graças a isto que ele começou a ter seus primeiros pacientes particulares. Pesquisas ulteriores a respeito da vida daquela mulher desvendaram as razões que estavam por trás daquelas curas milagrosas. Ela tinha um filho débil mental, que ocupava um cargo de pouca importância no departamento de Jung, no Hospital. Ela sonhara com o sucesso futuro de seu próprio filho; a enfermidade mental do jovem fora um duro golpe. Na verdade, ela transferira suas esperanças e expectativas para Jung; ela o via como seu "filho".

Jung resolveu explicar isso à mulher. "Ela aceitou tudo muito bem, e não teve uma outra recaída." Assim, explicando a ela as causas de seu problema, ele o resolveu. Através da experiência pessoal, Jung havia confirmado uma das idéias centrais de seu polêmico colega de Viena, Sigmund Freud: que a cura da neurose consiste em trazê-la à luz da consciência.

Na verdade, o interesse de Jung por Freud crescera paulatinamente desde que ele relera *A Interpretação dos Sonhos*, pouco depois de seu casamento. Lera-o pela primeira vez em 1900, antes de ir para o Hospital Burghölzli, e sempre se interessara muito por sonhos. Naquela época, achara-o desinteressante. As análises de sonhos de Freud pareciam sempre forçadas demais. Uma paciente, por exemplo, relatou-lhe um sonho em que seu marido sugerira que o piano fosse afinado, ao que ela respondeu: "Não vale a pena", e referiu-se ao piano como a uma "caixa repugnante". Perguntas feitas posteriormente revelaram que a frase "não vale a pena" fora utilizada pela paciente no dia anterior, quando visitava uma amiga que sugeriu a ela que tirasse o casaco, ao que respondeu: "Não vale a pena — não posso me demorar". Freud lembrou-se de que no dia anterior, durante a sessão de análise, a mulher ficara segurando seu casaco no lugar onde faltava um botão. Chegou à conclusão de que, na verdade, ela estava dizendo: "Não se preocupe em olhar — não vale a pena." Em seu sonho, o "seio" mostrado por um casaco aberto transformou-se numa "caixa".

É possível compreender por que Jung não se impressionou com esta primeira leitura da *Interpretação dos Sonhos*. Mas sua experiência clínica o convencera de que a "repressão" desempenha um importante papel na enfermidade mental, exatamente como Freud afirmara. Janet dissera que a histeria devia-se basicamente a uma espécie de enfraquecimento da vontade, que levava à "cisão da consciência". Freud contradizera Janet ao afirmar que a histeria devia-se à repressão de alguma experiência ou idéia desagradável — como no caso da paciente de Jung, que "inconscientemente" havia envenenado a filha com água poluída. Além disso, quando jovem, Jung tivera sua própria experiência a respeito dos efeitos da repressão: quando, na época escolar, reprimira o pensamento de um excremento caindo de debaixo do trono de Deus sobre o telhado da catedral. Assim, uma segunda leitura da *Interpretação dos Sonhos* encheu-o de admiração pelos *insights* clínicos de Freud.

Sua dúvida principal estava na insistência de Freud em que *todas* as repressões estão associadas ao sexo. Isto evidentemente não era verdade; o excremento caindo nada tinha a ver com sexo — tratava-se de um problema de blasfêmia —, e o fato de a mulher ter "envenenado" sua filha devia-se, antes, a um problema de natureza social, e não sexual. "A prática havia me familiarizado com numerosos casos de neurose, em que o problema da sexualidade desempenhava um papel secundário." Mas este pequeno ponto de desacordo parecia normal, se comparado com o número cada vez maior de pontos de acordo — nesta época, Jung não sabia o quanto Freud estava emocionalmente envolvido por sua teoria sexual da neurose. Naquela época, Jung organizava sua segunda grande publicação, *A Psicologia da Demência Precoce* — a primeira fora *Estudos sobre a Associação de Palavras*, publicada em 1906 —, e as noções freudianas influenciavam cada vez mais seu modo de pensar. Demência precoce — para o que Bleuler, em 1909, inventou o termo esquizofrenia — significava a dissociação da realidade, como na catatonia, em que o paciente fita um ponto no espaço, sem qualquer razão de ser; inicialmente, pensava-se tratar de um distúrbio puramente orgânico, decorrente da degeneração do cérebro. De qualquer forma, a tendência era a de considerar a esquizofrenia simplesmente como uma espécie de loucura, em que os delírios do paciente eram arbitrários e inexplicáveis. Os testes de associação de palavras feitos por Jung convenceram-no de que não era bem assim: estava certo de que a esquizofrenia, como a histeria, era decorrente de repressões. Chegou a outra conclusão interessante: a de que, na esquizofrenia, o ego cinde-se em diversos subegos ou "complexos". (A Jung deve-se o emprego do termo "complexo" neste sentido.) Com efeito, o paciente tornava-se várias pessoas — um *insight* que Jung desenvolvera inicialmente em seu artigo sobre a prima Helly.

Poder-se-ia dizer que não havia uma real divergência de opiniões entre Jung e Janet. Janet afirmara que a esquizofrenia é "dissociação", uma certa *dispersão* da consciência, como uma jangada, cujas amarras começam a se quebrar, soltando as toras. O próprio Jung aceitava esta definição. Mas a experiência que vivera aos doze anos com as crises de desmaios alertara-o para o fato de o problema ser mais complicado. O *insight* auxiliou-o no tratamento de uma paciente em 1906; a mulher sofria de uma constante sensação de exaustão e de alucinações histéricas. Jung escreveu: "As cãimbras no braço começaram por conveniência, o que, em última análise, servia ao propósito de tornar absolutamente impossível a ida à escola. Agora a paciente também admite que poderia ter eliminado as cãimbras se tivesse tentado. *Mas era cômodo para ela estar doente.*" Assim, Jung acrescentara um importante *insight* à concepção de enfermidade mental de Janet — um elemento que o próprio Janet (quando Jung conversou com ele a respeito do assunto, em 1907) estava propenso a subestimar.

Em 1906, poder-se-ia dizer que Jung estava envenenado pelo freudianismo e pelo "janetismo". Era cauteloso em apoiar Freud tão abertamente, pois a insistência de Freud em que toda neurose é de natureza sexual despertava um misto de fúria e escárnio entre os psicólogos profissionais, e Jung não desejava causar a mesma impressão. Além disso, Jung sentia — e com razão — que descobrira por si mesmo o elemento repressivo da neurose — através de seus testes de associação de palavras —, sem qualquer ajuda de Freud.

E, a esta altura, o moralismo protestante de Jung interveio. Redigindo seus experimentos com a associação, sentiu-se tentado a não fazer qualquer menção a Freud. No caso da paciente que tinha cãimbras no braço, Jung convenceu-se, desde logo, que "ela tentava compensar sua ânsia de amar apaixonando-se pelo médico" — o que Freud chamava de "fenômeno da transferência". Concluiu também que o problema da paciente era basicamente decorrente da repressão sexual. Mas fora ele, Jung, que percebera isto, sem a ajuda de Freud. "Um dia, enquanto estava em meu laboratório e refletia sobre todas estas questões, o diabo me sussurrou ao ouvido que eu seria absolvido, se publicasse os resultados de meus experimentos e minhas conclusões sem mencionar Freud... mas, então, ouvi a voz de minha segunda personalidade: 'Se você fizer uma coisa destas... será trapaça. Você não pode construir sua vida em cima de uma mentira'." E desde então, diz Jung, "tornei-me um partidário de Freud, e lutei por ele".

Assim, Jung enviou a Freud uma cópia de seus *Estudos Diagnósticos por Associações* — o livro sobre associações de palavras. É provável que se tenha sentido lisonjeado ao receber, em 11 de abril de 1906, uma carta de Freud dizendo que ele já se apressara em comprar o livro, antes mesmo de Jung lhe falar a respeito. A carta termina com o seguinte comentário: "Estou certo de que muitas vezes o senhor encontrará razões para me apoiar, mas também aceitarei com prazer correções." Aquilo soava muito promissor. Levaria algum tempo até que Jung descobrisse que o único ponto em que Freud não aceitaria correção seria justamente aquele no qual Jung mais veementemente discordava dele.

A carta de Jung foi de grande importância na vida de Freud. O que Jung provavelmente não imaginava quando escreveu a Freud era que Freud sentia-se totalmente sozinho e sem apoio. Aos cinqüenta anos de idade, Freud ainda sentia que iria sucumbir ao ridículo e à hostilidade, e desaparecer na obscuridade. Este apoio de um respeitável psicólogo "acadêmico" caíra dos céus como maná. E quando Freud descobriu que Jung havia persuadido Bleuler e outros colegas de que as opiniões de Freud mereciam ser consideradas com a devida seriedade, ele provavelmente deve ter duvidado de sua sorte. Parecia um súbito e completo avanço.

Poucas semanas depois, numa conferência em Baden-Baden, Jung teve a oportunidade de expor publicamente sua adesão ao freudianismo. Um certo professor Gustav Aschaffenburg atacou a psicanálise qualificando-a de objetável e imoral, enquanto um outro professor a descrevia como um mal. E aqui Jung foi forçado a reconhecer o problema crucial que envolvia sua nova aliança. Pois os ataques se dirigiam à insistência de Freud no fato de a neurose originar-se *inteiramente* de problemas sexuais; e Jung concordava com eles. Em sua resposta, Jung referiu-se à "crítica bastante moderada e cautelosa" de Aschaffenburg, e salientou que ele deixara intacta a maior parte da teoria de Freud: sonhos, brincadeiras e distúrbios do pensamento cotidiano. Ernest Jones, biógrafo de Freud, achou a resposta de Jung ineficiente; mas é provável que tenha sido tão eficiente quanto Jung desejava.

A correspondência entre Freud e Jung tornou-se mais intensa. Jung mandou a Freud seu livro sobre a demência precoce, acompanhado de uma carta em que se desculpava por não lhe ter dedicado um agradecimento mais generoso. "Compreendo perfeitamente que o senhor não poderia sentir-se de outra forma, senão insatisfeito com o meu livro, uma vez que ele dispensa às suas pesquisas um tratamento tão grosseiro." Mas explica que não estava preocupado com as reações do público alemão em geral, o que significava que tinha que preservar "uma certa reserva e a possibilidade de um julgamento independente com relação às suas pesquisas". Há uma insinuação maquiavélica nestas palavras e a sugestão de que ele, na verdade, não possuía qualquer destas reservas. A verdade é que a opinião de Jung aproximava-se mais da posição de Aschaffenburg do que da posição de Freud.

Mas Freud não estava disposto a brigar. Escreveu uma carta a Jung, elogiando seu livro. Em março de 1907, os dois finalmente se encontraram em Viena. Foi algo semelhante a amor à primeira vista. E esta descrição não é exagerada. Sem dúvida alguma, Freud possuía um toque de homossexualidade em sua constituição — conforme demonstram as estreitas relações que mantinha com alguns amigos, dentre eles Fliess —, e o biógrafo de Jung, Vincent Brome, sugere que Jung estava ciente de que possuía um traço de homossexualidade em sua própria constituição. Na presença de Emma, Jung falou com segurança por três horas, e Freud parecia satisfeito em ouvir. Então Freud tomou a palavra, agrupou elegantemente os pontos básicos de Jung num número de tópicos e passou a discuti-los. Os dois continuaram conversando, com pequenas interrupções, por treze horas.

Freud estava certo de que o encontro fora um sucesso. Jung era o seu passaporte para a respeitabilidade e aceitação acadêmicas. Este homem de constituição maciça, ombros largos, olhos azuis, cabelos bem aparados e postura militar (como todo suíço, ele estivera no exército auxiliar) era uma experiência irresistível; Freud estava encantado com sua inteligência e vasto conhecimento. Os demais membros da família de Freud talvez não estivessem assim tão impressionados; perceberam apenas que ele os ignorava enquanto falava sem parar. Mas para Freud e Jung o encontro foi um enorme sucesso. Freud não parece ter tido qualquer reserva; imediatamente começou a pensar em Jung como seu aliado mais forte, e sucessor. Poucos dias depois do encontro, escreveu a Jung dizendo: "Não poderia pensar em nenhum outro melhor do que o senhor... para continuar e completar minha obra." Sua atitude era semelhante à de um homem que ficara noivo para se casar.

Foi Jung quem, depois do encontro, começou a pensar se o casamento era realmente desejável. O ponto crucial continuava a ser o fato de ele não concordar com Freud em que o sexo é a base de *todas* as neuroses. E apesar da discussão dos dois ter sido aparentemente abrangente e absolutamente livre, sem discordâncias efetivas, Jung se impressionava sempre que, mais tarde, o assunto sexo vinha à baila, e Freud parava de falar de maneira imparcial e crítica, passando a utilizar o tom passional de um fanático religioso.

Por que Freud estava tão *obcecado* por sua teoria sexual? A pergunta é tão difícil de ser respondida hoje, quanto o era naqueles dias em que a maioria dos médicos a considerava como uma forma de leve insanidade. Depois de Freud ter-se tornado mundialmente famoso — cerca de vinte anos depois de seu encontro com Jung —, a opinião geral era a de que a resposta seria esta: porque é verdade. Entretanto, desde a morte de Freud, tem havido um lento retrocesso à posição anterior: a de que Freud simplesmente fora longe demais na ênfase que deu à "teoria sexual". E a questão de se saber por que Freud a considerava como uma espécie de religião permanece tão confusa e persistente quanto nunca.

Naturalmente não existe qualquer dificuldade para se entender os passos que levaram Freud à teoria sexual. O primeiro teria sido o famoso caso de "Anna O.", na verdade uma jovem judia chamada Bertha Pappenheim. Bertha entrara em depressão após presenciar a morte de seu pai, que se seguiu a longa e dolorosa enfermidade. Ela entrava em estados semelhantes aos de transe, em que murmurava frases estranhas e fazia coisas irracionais. Bertha estava sendo tratada pelo mentor de Freud, e também seu companheiro mais próximo, Josef Breuer, e, ao que tudo indica, apaixonou-se por ele. Certo dia, entrou num estado de histeria, e Breuer foi chamado para vê-la. Ao vê-la deitada na cama movimentando seus quadris para baixo e para cima, como se estivesse tendo uma relação sexual, Breuer ficou chocado. No dia seguinte, deixou Viena rapidamente, acompanhado de sua esposa. O caso impressionou Freud profundamente.

Quatro anos mais tarde, Freud foi a Paris para estudar com o famoso professor Charcot no Hospital Salpêtrière, e ouviu um professor comentar que o que uma certa paciente histérica precisava era de "doses repetidas de um pênis normal". Novamente meditou sobre o assunto. O período que passou com Charcot trouxe-lhe um novo *insight*. Charcot costumava fazer demonstrações públicas de hipnose, freqüentemente acompanhadas de efeitos espetaculares — tais como fazer o paciente latir como um cachorro ou bater os braços como um pássaro. Freud observava fenômenos desconcertantes tais como a gravidez histérica, na qual o ventre de uma mulher inchava como se ela estivesse realmente grávida, e a paralisia histérica, na qual o paciente perdia o uso dos braços e das pernas. Também se impressionou com a observação de Charcot de que a hipnose e a histeria estão intimamente relacionadas — de fato, a hipnose *é* uma forma de histeria. A um paciente sob hipnose poder-se-ia dizer que ele estaria paralítico quando acordasse, e ele *ficaria* paralítico; poder-se-ia dizer a ele que o hipnotizador o tocara com um ferro incandescente — quando na verdade fora simplesmente um dedo —, e apareceria uma bolha no local do toque. Naturalmente, existe uma parte da mente que é muito mais poderosa do que o ego consciente, e que pode provocar estes efeitos impressionantes. Freud foi o primeiro médico a apreender a imensa força do inconsciente, e foi isso que abriu seu caminho para a fama. Antes de Freud, o "inconsciente" significava apenas instinto, ou reações mecânicas. Foi Freud quem criou uma nova imagem da mente como uma espécie de mar, iluminado pelo sol até uma certa profundidade — chamada de consciente —, e vastas profundezas negras, povoadas por estranhos monstros. Tal visão revolucionou a psicologia, criando virtualmente uma nova ciência, a ser conhecida como "psicologia profunda".

Pouco depois de retornar de Paris, Freud sentiu-se levemente perturbado quando uma paciente colocou os braços ao redor de seu pescoço — os dois foram interrompidos pela entrada de um ajudante. Para Freud, o episódio foi revelador; significava que a cura de um paciente podia depender de ele se apaixonar pelo médico — um fenômeno que ele rotulou de "transferência". Começou a questionar outros pacientes a respeito de suas vidas sexuais, o que levou alguns deles a abandoná-lo. Mas um número surpreendentemente grande de mulheres admitiu que tinham sido violentadas ou seduzidas por seus pais. Por algum tempo, Freud realmente sustentou a opinião surpreendente de que a maioria das neuroses são causadas por seduções ocorridas na infância — uma indicação de sua crescente obsessão pelos problemas sexuais. Freud levou cerca de dez anos para compreender que a maioria destes relatos a respeito de violências sexuais ocorridas na infância não passavam de fantasias, inventadas pelo paciente em resposta aos estímulos óbvios do próprio Freud. Mas isto não o convenceu de que sua teoria sexual estava errada. Pelo contrário: pareceu revelar-lhe que as mulheres realmente alimentavam um desejo secreto de serem seduzidas por seus pais — senão, por que elas mentiriam sobre o assunto? Desenvolveu, então, a teoria do Complexo de Édipo, segundo a qual o filho deseja dormir com a mãe e, conseqüentemente, matar o pai — seu principal rival — que, por sua vez, deseja secretamente matar o filho, ou pelo menos castrá-lo. Foi a esta altura que Josef Breuer, o companheiro mais próximo de Freud, sentiu que era chegado o momento de protestar: aquilo não estaria indo longe demais? Irritado, Freud rompeu com Breuer.

A teoria do Complexo de Édipo indubitavelmente tinha alguma base pessoal. Quando Freud nasceu, em 1856, sua mãe tinha vinte e um anos e era uma jovem bonita e muito ativa; seu pai tinha quarenta e um anos. Uma fotografia de Freud, aos dezesseis anos, ao lado de sua mãe, revela-a ainda atraente e desejável. Nesta época seu pai estava com cinqüenta e sete anos. Parece perfeitamente concebível que Freud desejasse sua mãe sexualmente e se abandonasse a fantasias eróticas com ela. Se tal fato parece inverossímil para um garoto judeu de boa educação, vivendo em plena era vitoriana, devemos nos lembrar que um de seus principais discípulos, Wilhelm Reich, alimentava sentimentos análogos com relação à sua própria mãe. Aos treze anos, Reich imaginou que sua mãe estava mantendo um caso amoroso com seu tutor. Uma biografia de Reich (escrita por Myron Sharaf) publicada recentemente revela que a primeira reação de Reich foi pensar se ele poderia usar este segredo para chantagear sua mãe, obrigando-a a manter relações sexuais com ele. (De fato, ele contou tudo ao seu pai, e sua mãe suicidou-se.)

Se Freud alimentava fantasias análogas com relação à sua mãe, tal fato certamente explicaria sua atitude peculiar, obsessiva, com respeito à teoria sexual. A Viena de 1870 era tão repleta de repressões sexuais mórbidas quanto a Londres da rainha Vitória; a simples idéia de incesto não deveria sequer ser mencionada, sob pena de levantar a revolta das pessoas. Mas o interesse amoroso de Bertha Pappenheim por Josef Breuer, um homem com idade para ser seu pai, encerrava em si a sugestão de incesto; o mesmo sugeria um sonho que ela tivera quando estava sentada ao lado da cama de seu pai moribundo: sonhou com uma cobra preta arrastando-se em direção à cama. (Freud, naturalmente, via a cobra como um símbolo fálico.) Freud estava tão impressionado e, ao mesmo tempo, tão fascinado com o fato de suas pacientes confessarem que haviam sido seduzidas por seus pais, que saltou para a conclusão ridícula de que se tratava de um caso comum de neurose. Tal conclusão revela um homem no qual o tema do incesto tocava bases emocionais bastante profundas; e é difícil entender por que isso acontecia, a não ser pelo fato de ele próprio ter fantasiado — ativamente, e por muito tempo — que mantinha relações sexuais com sua mãe.

Quando Jung aborda a obsessão sexual de Freud em sua autobiografia, cautelosamente procura enfocar o problema sob este aspecto. "Freud nunca perguntou a si mesmo por que se sentia compelido a falar continuamente sobre sexo, por que tal idéia havia se apoderado tanto dele. Ele não atinou para o fato de que esta 'monotonia de interpretação' expressava uma fuga de si mesmo, ou daquele outro lado dele que talvez devesse ser chamado de místico. . . ." O que significa, naturalmente, fugir da questão, pois o problema é saber *por que* Freud queria fugir de si mesmo. Mas no que diz respeito ao pai de Freud, Jung se dispõe a falar mais claramente. Ele conta que em 1909, quando ele e Freud viajavam para a América, Freud subitamente desmaiou ao ouvir Jung mencionar os cadáveres dos pântanos encontrados no Norte da Alemanha. Mais tarde Freud acusou Jung de falar em cadáveres por alimentar desejos de morte com relação a ele. Jung diz que se sentia alarmado com a intensidade das fantasias de Freud. Uma outra vez, em 1912, quando Jung discutia o caso do faraó Ikhnaton em um congresso, e posicionava-se contra a noção de que Ikhnaton havia removido o nome de seu pai das inscrições porque o odiava, Freud desmaiou, caindo da cadeira em que estava sentado. Jung salienta que "a fantasia do assassínio do pai era comum a ambos os casos". Mas por que teria Freud desmaiado quando Jung *negou* que Ikhnaton odiava seu pai? O comentário de Jung a respeito da força das fantasias de Freud nos fornece a resposta. Jung suspeitava claramente de que Freud *efetivamente imaginara* o assassinato de seu pai e a sedução de sua mãe, e o fato de Jung ter negado as tendências patricidas de Ikhnaton despertou em Freud um enorme sentimento de culpa, o tipo de sentimento que faz um adolescente ruborizar quando alguém discute sobre masturbação.

Jung prefere escamotear a verdade óbvia de que a real diferença entre ele e Freud reside no fato de a mãe de Jung ser gorda e feia, não havendo, portanto, qualquer tentação de sonhar com a sedução dela, e de seu pai ser um homem patético e mal-sucedido, não havendo, portanto, a tentação de fantasiar seu assassinato.

Jung estava numa posição difícil. Freud era uma personalidade extremamente poderosa, que conhecia tudo sobre como inspirar confiança, verdade, afeição e até mesmo pena. Mais tarde, Jung diria: "Considero-o uma figura trágica, pois era um grande homem e, mais do que isso, um homem nas garras de seu *daimon*." Mas, em 1908, Jung também estava nas garras do *daimon* de Freud: seu enorme carisma. O objetivo de Freud era subjugar Jung à sua vontade, adulá-lo, persuadi-lo e seduzi-lo a abandonar suas reservas e a tornar-se o expoente maior de sua teoria sexual, o herdeiro espiritual de Freud. Todas as cartas de Jung a Freud começam assim: "Caro professor Freud." As cartas de Freud a Jung começam por "Caro amigo". Freud oferecia sua própria afeição e lealdade em troca da afeição e lealdade de Jung. Mas não poderia haver um consenso final sobre a teoria sexual: isto não era negociável.

O que Freud não imaginou foi que Jung achava a teoria sexual, em última análise, um tanto repelente. Freud estava encantado pelos ares de eficiência de Jung, os espetáculos cheios de força, o entusiasmo pelos experimentos. Mas em sua essência Jung não era um cientista; era um romântico: um homem cujos sentimentos mais profundos haviam sido despertados no passado por Goethe, Schopenhauer e Nietzsche, não por Galton, Wundt e Krafft-Ebing. Jung voltara-se para a ciência para fortalecer sua "função realidade", para criar uma personalidade capaz de enfrentar o mundo nos termos que ele impunha. Mas ainda havia nele uma parte que desejava a "cornucópia". A obsessão sexual de Freud era uma afronta para o poeta que existia dentro dele. Seus reais sentimentos apareceram em dois sonhos. Num deles, viu um oficial de alfândega de aparência desagradável, que na verdade era um fantasma. O trabalho do oficial de alfândega era examinar malas para verificar se havia contrabando — contrabando de idéias e de bens. "Não pude deixar de ver a analogia com Freud." No outro sonho, ele estava numa moderna cidade, quando viu um cavaleiro trajando uma armadura completa e uma túnica branca onde havia uma cruz vermelha — um cruzado; ninguém mais parecia notá-lo. Jung associou o cavaleiro com sua própria busca do "Graal", a busca de um significado mais profundo para a existência; tratava-se de um símbolo de seu próprio si-mesmo essencial.

Portanto, era impossível que Jung finalmente capitulasse à teoria sexual; teria sido suicídio espiritual. Ele sentia uma enorme repugnância pela forma como o materialismo dogmático de Freud se estruturava. "Sempre que, em um homem, ou em uma obra de arte, uma expressão de espiritualidade (no sentido intelectual, não sobrenatural) se manifestava, ele suspeitava e insinuava que tal expressão decorria da sexualidade reprimida. A tudo o que não pudesse ser interpretado pela sexualidade, ele se referia como sendo 'psicossexualidade'. Eu protestava contra o fato de esta hipótese, levada à sua conclusão lógica, poder conduzir a um julgamento aniquilante da cultura. A cultura seria, então, uma mera farsa, a conseqüência mórbida da sexualidade reprimida. 'Sim', afirmava ele, 'é assim mesmo: apenas uma maldição do destino em face da qual somos impotentes.' De forma alguma eu estava disposto a concordar. . . mas ainda não me sentia em condições de dissuadi-lo da idéia."

Mas Jung conseguiu dissuadir-se dela. A conseqüência foi o lento surgimento de sua própria alternativa para a teoria sexual.

CAPÍTULO TRÊS

De como perder amigos e alienar pessoas

Por volta de 1909, quando tinha 33 anos, Jung estava se tornando tão conhecido em Zurique quanto Freud em Viena; isto se devia em grande parte à sua luta em favor de Freud.

Infelizmente, faltava-lhe a paz de espírito necessária para gozar sua crescente celebridade. Suas atividades de escritor, conferencista, além do tratamento de pacientes e da organização de um círculo de adeptos de Freud — no ano anterior ele organizara o primeiro Congresso de Psicanálise em Salzburg — estavam acabando com seu otimismo. A origem dos problemas no casamento não é muito clara, mas é provável que tenham decorrido da susceptibilidade de Jung com relação ao sexo oposto. As mulheres o consideravam extremamente atraente, e um bom número de suas pacientes se apaixonava por ele. Tal fato provavelmente não teria aborrecido Emma, se ela pudesse ter certeza de que Jung não se interessaria por elas. Mas numa viagem à Itália, em 1907, ele ficou muito impressionado por uma atraente jovem judia — uma experiência que, ao que parece, confessou a Freud. Um outra paciente, uma jovem russa de vinte anos chamada Sabina Spielrein, queria que Jung fosse o pai de seu filho, e ele parece ter-se sentido atraído pela idéia. Felizmente, "negou-se este prazer", conforme mencionou numa carta endereçada a Freud, pois a jovem provara ser violentamente possessiva. Ela estava se tratando com Jung porque sofria de uma obsessão por excreções, o que a levava a masturbar-se constantemente e a tornava incapaz de ter relação sexual normal; assim, é possível que a inclinação de Jung no sentido de fazer amor com a jovem tenha sido um desejo desinteressado de efetuar a cura. De qualquer modo, ele tinha razão em sentir-se satisfeito por ter resistido à tentação, pois ela espalhou por Zurique o boato de que ele era seu amante; Jung assegurou à mãe de Sabina que ele nunca tivera relações sexuais com ela, e pediu a ela que a ajudasse a pôr fim ao boato. Jung foi franco o suficiente para admitir a Freud que sua paciente não podia ser inteiramente culpada pelo que ocorrera, e que a ele também cabia uma parcela de culpa.

Em março de 1909, Jung e Emma foram visitar Freud em Viena; nesta ocasião verificou-se o famoso incidente do "*poltergeist* na estante". No que dizia respeito a fenômenos "ocultos", Freud era abosolutamente cético. Por volta de 1909, tornara-se evidente para os pesquisadores sérios que os *poltergeists* — espíritos que atiram coisas — estavam geralmente associados a adolescentes perturbados; tal hipótese deu origem à teoria de que as atividades dos *poltergeists* eram de alguma forma provocadas pela mente inconsciente do adolescente — uma espécie de "exteriorização", por assim dizer, de fortes conflitos interiores. Jung acreditava nesta teoria e chamava a atividade do *poltergeist* de "fenômenos de exteriorização". Enquanto Freud e Jung discutiam a realidade da paranormalidade, ouviu-se um súbito estalido vindo da estante, que fez com que os dois pulassem da cadeira. "Aí está!", disse Jung, "isto é um exemplo do fenômeno da exteriorização." "Tolice!", respondeu Freud. "Não é tolice", disse Jung. "E para provar o que digo, prevejo que dentro de alguns instantes ocorrerá um outro." Jung acabara de proferir estas palavras, quando se ouviu um segundo estalido vindo da estante. Numa carta escrita posteriormente a Jung, tudo indica que Freud já estava quase que plenamente convencido a respeito do assunto. Depois do incidente, porém, ouviu aqueles sons muitas outras vezes, e concluiu que havia alguma causa natural para eles. Jung estava convencido de que fora *ele* que causara o estalido, pois sentira seu diafragma esquentar enquanto discutia com Freud. Estudiosos de Freud têm insistido com freqüência no fato de que os ruídos deviam-se simplesmente ao processo de secagem da madeira da estante. Atualmente, é impossível saber ao certo o que realmente aconteceu.

A vida profissional de Jung em Zurique não evoluía de forma tão tranqüila como ele gostaria que fosse. Embora Bleuler já aceitasse a maioria das idéias de Freud, parece que tinha sérias reservas quanto a Jung, e duas vezes o ignorou por ocasião de uma nomeação para um cargo de professor. Mas estes dissabores foram compensados quando Jung foi convencido para dar uma conferência na Clark University, nos Estados Unidos. O relato de Jung a este respeito, em sua autobiografia, não é de todo sincero: "Eu fora convidado para dar algumas palestras sobre os experimentos com associação na Clark University, em Worcester, Massachusetts. Freud também havia recebido um convite..." De fato, Freud foi convidado antes, e é muito provável que Jung tenha sido convidado porque era conhecido como freudiano, e não por suas próprias pesquisas.

Em Bremen verificou-se o evento, a que já me referi, do desmaio de Freud enquanto Jung falava dos cadáveres dos pântanos. A sugestão de Freud de que Jung alimentava "desejos de morte" em relação a ele era negada com indignação por Jung, que enfatizava o fato de ter-se exposto ao ridículo e à injúria de seus colegas por apoiar Freud abertamente. É impossível ler o relato de Jung a respeito da relação entre os dois, sem admitir que Freud não estava totalmente enganado. Ele passara a representar para Jung um positivismo e materialismo superficiais, com os quais Jung absolutamente não simpatizava; assim, não seria de se surpreender se Jung tivesse alimentado um desejo secreto de que o mundo seria melhor sem Freud.

Esta viagem à América viria a ser o marco divisório da relação entre os dois, significando, ao mesmo tempo, a descoberta de Jung de sua verdadeira independência — ou seja, a descoberta dos fundamentos de sua própria psicologia profunda.

Tudo começou com um sonho. Jung encontrava-se em uma estranha casa, cujo pavimento superior era decorado em estilo rococó. Desceu para o rés-do-chão e descobriu que ele era muito mais antigo, com mobiliário medieval e o piso revestido de ladrilhos vermelhos. Encontrou uma porta pesada, que conduzia à adega. Ali viu-se num cômodo abobadado, que datava da época dos romanos. Numa laje de pedra no chão, encontrou uma argola; quando a puxou, a laje se ergueu, revelando estreitas escadas. Ao descê-las, Jung achou-se numa caverna baixa, escavada na rocha. O chão estava coberto de pó, ossos e cerâmica quebrada; havia dois crânios humanos muito antigos. Neste momento, acordou.

No navio, Jung e Freud passavam o tempo analisando os sonhos um do outro. Freud estava intrigado com os dois crânios humanos, os quais, a seu ver, indicavam que Jung desejava que duas pessoas morressem. Jung achava isto um absurdo; finalmente, porém, para satisfazer Freud, disse acreditar que os crânios fossem de sua esposa e de sua cunhada.

O fato de Jung ter decidido mentir a Freud revela uma profunda mudança em sua atitude. Significa que decidira ver Freud como um tolo, cuja estupidez deveria perdoar. Esta mudança, de acordo com Jung, ocorreu pouco antes do episódio do sonho, quando Freud relatava um de seus sonhos a Jung. Jung pediu a Freud outros detalhes de ordem pessoal, para que pudesse interpretá-lo. Freud olhou-o com estranheza e disse: "Mas não posso colocar em risco minha autoridade." "Naquele momento", relata Jung, "ele a perdeu por completo".

Para Jung, a interpretação de seu sonho nada tinha a ver com desejos de morte. Ele o considerava "um diagrama estrutural da psique humana". "O sonho sugeria alguma coisa de natureza *impessoal,* subjacente à psique."

Agora, se reconsiderarmos o sonho, poderemos ver que a interpretação dificilmente se justificava. A interpretação simples e óbvia é a de que o sonho representava o próprio objetivo de vida de Jung — penetrar cada vez mais profundamente na mente. Algumas pessoas altamente ambiciosas sonham que estão escalando montanhas ou arranha-céus. Jung era um romântico típico; queria descer ao profundo submundo do espírito, longe das trivialidades e confusões da superfície. (O sonho de Alice, caindo dentro da toca do coelho, parece simbolizar a mesma coisa.) Mas por que razão uma caverna no subsolo, cheia de pedaços de cerâmica e ossos, simbolizaria "algo de natureza absolutamente impessoal, subjacente à psique"? Por que uma caverna no subsolo é mais impessoal do que uma adega romana ou uma sala de estar em estilo rococó? Pois não é. Para Jung, porém, era importante acreditar que era, pois ele sentia uma enorme necessidade de escapar da armadilha freudiana em que caíra. Jung havia se tornado discípulo de Freud porque sentia-se atraído pela psicologia freudiana, mais profunda do que a de Bleuler ou Janet. Agora ele, por sua vez, precisava ir mais fundo do que Freud.

Os sonhos sempre tiveram uma enorme importância para Jung. A lembrança de um sonho da infância tivera uma importância decisiva em sua conversão ao freudianismo. Aos quatro anos de idade, Jung sonhou que estava em uma campina e encontrou uma abertura no chão forrada de pedras. Desceu uma escada de pedras, abriu uma cortina, e viu-se num recinto pavimentado por lajes, com um trono dourado ao centro. Neste trono encontrava-se um objeto enorme, com cerca de cinco metros de altura, que ele primeiramente pensou ser o tronco de uma árvore. Mas o objeto estava revestido de pele, e no topo havia uma cabeça arredondada, com um único olho que olhava fixamente para cima. Acordou em pânico. Jung diz que só depois de muitos anos compreendeu que se tratava de um enorme pênis.

E agora, novamente, um outro sonho — o de descer às profundezas — parecia ter uma mensagem diferente: a de que o último "subsolo" da mente humana ligava-se, de alguma forma, ao passado remoto do homem. Tal constatação, diz Jung, foi a primeira pista de um "coletivo que existe *a priori* sob a psique pessoal" — ao qual, mais tarde, chamou de inconsciente coletivo. Este conceito, porém, somente viria a se desenvolver no ano seguinte.

E este era basicamente o problema de Jung em 1909. Ele se tornava cada vez mais irritado com relação a Freud. Queria deixar claro que era um homem independente, e não mais um seguidor de Freud, como Sandor Ferenczi, que iniciou sua conferência em Worcester com um tributo ao mestre. Em suas palestras sobre os testes de associação de palavras, Jung não fazia qualquer referência a Freud. Não obstante, não tinha nada a dizer que fosse significativamente diferente do que Freud dizia. Era uma situação irritante e insatisfatória; e as coisas dificilmente teriam melhorado se ele colocasse Freud num "sétimo céu", deleitando-se com os aplausos. Jung admitiu a sua esposa que sua própria "libido" estava "tragando aquilo com grande satisfação". Em suas próprias palavras, ele e Freud eram "os homens do momento". Mas isto não era verdade; Freud era o homem do momento. Para a maioria das pessoas, Jung não passava do principal ajudante de Freud.

Ernest Jones, que fora apresentado a Freud por seu amigo Jung, ficou desconcertado quando Jung lhe disse que preferia não penetrar muito profundamente na vida sexual de seus pacientes, porque poderia encontrá-los mais tarde, à mesa do jantar. Para Jones, isto era a confirmação de que Jung estava mais interessado na vida social do que na busca da verdade. Para Jung, era a expressão de sua crescente decepção com a preocupação exclusiva de Freud por sexo.

De volta a Zurique, após uma ausência de dois meses, Jung achou que tinha o tempo em suas mãos. O número de seus pacientes diminuíra, possivelmente devido ao caso Sabina Spielrein. Jung não se preocupava muito com isto; não precisava se preocupar, pois sua esposa pertencia a uma família rica. De fato, pediu demissão de seu cargo no Hospital Burghölzli e mudou-se para uma casa que construíra em Küsnacht, às margens do lago de Zurique. A chance de poder descansar parece ter-lhe agradado. O sonho da casa aparentemente reviveu seu interesse pela arqueologia e história. Em novembro, desculpou-se com Freud pelas três semanas de silêncio, explicando que estivera lendo Heródoto e um livro sobre o culto de Priapo, o deus da procriação. Descobrira também uma obra em quatro volumes, que lhe propiciara um enorme prazer: *Símbolos e Mitologia dos Povos Antigos,* de Friedrich Creuzer. Em sua resposta, Freud escreveu: "Fiquei contente em saber que você está se dedicando ao estudo da mitologia. . . Mal posso esperar para ouvir o relato de suas descobertas." Naturalmente, Freud pensava que Jung estava estudando os mitos da antigüidade para descobrir seu conteúdo sexual. "Espero que, em breve, o senhor possa concordar comigo em que todas as possibilidades mitológicas giram em torno do mesmo complexo nuclear que as neuroses." Freud não percebeu que todas estas leituras a respeito de mitologia não significavam apenas pesquisa psicológica; tratava-se de uma fuga para um reino que Jung considerava muito mais gratificante, do ponto de vista emocional, do que o estudo da neurose sexual. A mente de Jung necessitava da permissão para percorrer livremente a literatura e a história; ele se sentia limitado atuando apenas como médico. Oito anos de atividade clínica no hospital Burghölzli haviam-lhe propiciado o suficiente de "realidade"; agora ele ansiava por poesia, mito, e "cornucópia".

Em sua próxima carta, Jung teve de desculpar-se novamente com Freud por tê-lo feito esperar tanto tempo. Após alguns comentários preliminares, escreve: "Agora, para melhorar o assunto: mitologia. Para mim não existem mais dúvidas acerca do significado dos mitos mais antigos e naturais. Eles falam de maneira muito natural do complexo nuclear [sexual] da neurose." Prossegue narrando a Freud a lenda do deus Ares, que cometeu incesto com sua mãe. Freud respondeu: "Suas cartas me causam enorme prazer, porque sugerem um frenesi de trabalho gratificante." Se Freud pudesse imaginar o que emergiria deste frenesi de leituras, talvez não sentisse tanto prazer. De fato, ele já deveria ter se colocado de sobreaviso com um parágrafo da carta anterior de Jung, no qual Jung fala de uma raça legendária de mineiros chamados Dáctilos, e acrescenta que "eles não eram, originalmente, de natureza fálica, mas elemental. Somente os deuses maiores, *épicos,* por assim dizer, parecem ter sido fálicos".

Neste meio-tempo, Emma Jung estava grávida novamente, e duas outras mulheres haviam se apaixonado por Jung: Mary Moltzer e Martha Böddinghaus. Mary Moltzer começou a difamar o nome de sua rival. Jung relatou o fato a Freud numa carta de setembro de 1910, e há um evidente tom de complacência quando ele fala do "ciúme amoroso das duas em relação a mim".

Em 1910, Jung deparou-se com duas descobertas que abruptamente cristalizaram suas idéias a respeito do inconsciente coletivo. Num papiro mágico grego, chamado *A Liturgia Mitra,* encontrou uma referência a um tubo que, descendo do Sol, dava origem ao vento. Recordou-se que, em 1906, um paciente esquizofrênico dissera-lhe que vira um falo ereto no Sol, e que "era dali que vinha o vento". Lembrou-se também do quadro de um primitivista alemão, mostrando um tubo vindo do céu e passando sob as vestes da Virgem Maria, e o Espírito Santo voando através deste tubo para fecundá-la. Seria possível, pensou, que aquelas três imagens viessem da mesma e profunda fonte do inconsciente?

No mesmo ano, Jung leu sobre a descoberta de um esconderijo de "pedras da alma", nas proximidades de Arlesheim, um local que visitara em sua infância. Em sua memória, Jung lembrava-se delas como sendo escuras, de formato alongado, com as metades superior e inferior pintadas em tons diferentes. Subitamente lembrou-se da pequena figura de madeira que, quando criança, esculpira numa régua e guardara num estojo, escondendo-o atrás de uma viga no sótão. O que o impressionava agora era o fato de a figura parecer-se com o espírito grego da convalescença, Telésforo. Foi a idéia de que ele inconscientemente estivera desempenhando algum antigo ritual religioso que subitamente o convenceu de que "existem componentes psíquicos arcaicos, que entram para a psique individual, sem qualquer linha direta de tradição." Em outras palavras, que nossa mente inconsciente contém certos símbolos e imagens que foram, por assim dizer, transmitidos pelos genes. Naturalmente, Jung não estava sugerindo que existe um tipo de inconsciente *geral,* que une todos os seres humanos, como um grande lago subterrâneo; não obstante, esta noção de que certas imagens mentais são comuns a todos nós não estava muito distante disto.

Uma vez formulado este conceito de inconsciente coletivo, Jung rompeu definitivamente com Freud. Na psicologia freudiana, os símbolos fálicos (e os vaginais) aparecem em sonhos, na arte e na mitologia, porque no sexo está o interesse mais fundamental de todos os seres humanos. Isto é natural, porque o instinto de procriação é parte integrante do instinto de sobrevivência. A teoria de Freud tinha uma sólida base biológica. Jung dizia que os símbolos religiosos também eram parte da herança "instintiva" do homem, e que eles têm uma origem puramente mental (ou psíquica). De fato, tal noção opunha-se frontalmente a todo o espírito da obra de Freud. Para Freud, a religião era "biológica" em sua origem. O Deus Pai era uma enorme imagem sombreada de nossos pais reais; a religião era uma sublimação de impulsos sexuais. Freud chegou muito perto da opinião de Marx de que a religião é o ópio do povo. Assim, a hipótese de Jung de que os símbolos religiosos possuem uma espécie de realidade psíquica independente — e que eles já estão, por assim dizer, mergulhados nas profundezas da mente inconsciente — opunha-se frontalmente à noção mais básica de Freud. Numa carta escrita a Jung, em janeiro de

1911, Freud comenta: "Não entendo por que o senhor está tão receoso de minhas críticas em assuntos de mitologia. Ficarei muito contente quando o senhor fincar o estandarte da libido e da repressão naquele terreno e retornar como um conquistador vitorioso à nossa pátria-mãe, a atividade clínica." Uma análise retrospectiva revela a extraordinária inocência de Freud. Pois Jung retornava à "pátria, à atividade clínica" como um general que se convertia à religião do povo que conquistara.

Por volta de 1911, Jung partiria para novos caminhos. Desde 1910, vinha tratando uma jovem atraente, de semblante sério, chamada Antonia Wolff, que se abalara muito com a morte do pai. Como muitas outras pacientes de Jung, também se apaixonou por ele. Não há bases para se saber se Jung alguma vez se aproveitou sexualmente de mulheres que "transferiam" sua adoração para ele, nestes primeiros anos como psicanalista. Mas com Toni Wolff ele parece ter decidido correr o risco e ganhar uma amante. A conseqüência foi o caos dentro de casa. Emma parece ter descoberto tudo logo no início, possivelmente informada por outra mulher que amava seu marido. Jung, habituado a fazer tudo às claras, convidou Toni para freqüentar sua casa como um hóspede regular e, ao que tudo indica, esperava que Emma se comportasse da melhor forma possível naquela situação. O resultado foi uma grande dose de amargura; Emma Jung começou a corresponder-se secretamente com Freud, revelando a ele um pouco de sua angústia. Jung, como seu contemporâneo H. G. Wells, naturalmente achava que a um gênio se deveriam permitir infidelidades em nome do autodesenvolvimento. Emma, como a mulher de Wells, Catherine, parece ter-se deixado convencer disso, embora relutantemente; mas todos os seus instintos se rebelaram. A conseqüência, conforme Jung relata a Freud numa carta, foi que "as coisas tornaram-se turbulentas em casa". Desesperada, Emma escreveu a Freud: "As mulheres se apaixonam naturalmente por ele... Carl... diz que eu não devo mais me concentrar nele e nas crianças como fazia antes; mas, por Deus, o que devo fazer?"

A despeito dessas perturbações, cuja culpa era única e exclusivamente dele, Jung acelerou seu trabalho no livro com o qual esperava firmar sua reputação como um pensador independente: *Metamorfoses e Símbolos da Libido.* O embrião deste livro fora uma série de comentários que Jung escrevera sobre um artigo encontrado nos *Archives of Psychology,* no qual uma jovem americana, que usava o pseudônimo de Miss Frank Miller, descrevia "Algumas Instâncias da Imaginação Criativa Subconsciente". A bordo de um navio que ia de Nápoles a Pisa, ela sonhou com três estrofes de uma espécie de hino sobre a criação, por Deus, do som, da luz e do amor (nesta ordem). Pouco tempo depois, imaginou também um outro poema — a exaltação do Sol por uma mariposa. Finalmente, sonhou com o resumo de um drama sobre um herói asteca, que é picado mortalmente por uma cobra verde. Freud não teria achado outra coisa senão símbolos sexuais nos relatos destes sonhos; mas Jung procurava alguma outra coisa.

Símbolos da Transformação é, sem dúvida, uma das obras mais importantes de Jung; na verdade, uma vez que representa o rompimento com Freud, e a primeira formulação de sua própria psicologia de símbolos e arquétipos, poderia ser considerada como a obra-chave de sua carreira. Por esta razão, merece especial consideração.

O título original, *Metamorfoses e Símbolos da Libido,* resume melhor os objetivos da obra. Embora Jung tenha tido o cuidado de render uma discreta homenagem a Freud na primeira metade do livro, já existe ali uma grande divergência em relação ao freudianismo: Jung rejeita a noção de que a libido é uma energia puramente sexual, salientando que o anseio de alimento e a necessidade de fugir de situações de perigo são tão fundamentais quanto o impulso sexual; ele redefine a libido simplesmente como energia vital. Mas se outros impulsos são igualmente "instintivos", então não deveríamos encontrar símbolos destes impulsos em nossos sonhos e fantasias?

Mas uma das coisas mais intrigantes a respeito do homem é que, tão longe quanto podemos remontar na história, ele parece ter sido um animal *religioso.* Por que isto seria assim? Talvez porque a religião seja uma tentativa de se conciliar com o enigma do universo: o nascimento e a morte, a fome e a dor, as catástrofes naturais, os mistérios da natureza. Evidentemente, o sexo é parte integrante da religião, o que pode ser constatado desde as cerimônias de fertilidade dos aborígenes até o parto virginal de Maria. Jung descreve uma cerimônia primitiva, na qual um buraco é aberto no solo e envolvido por pequenas touceiras — para ficar parecido com uma vagina — e, então, os homens dançam ao seu redor, atirando suas flechas para dentro dele, e gritando: "Não um buraco mas uma vagina." Assim, é provável que quando encontramos sexo nos mitos antigos e nos rituais primitivos, tal fato não signifique que o sexo é o impulso mais importante em nossas vidas, mas que ele é parte de um impulso ainda mais profundo, a religião.

Jung diz que quando a libido — entendida como energia vital — é bloqueada, procura assumir outras formas para se manifestar. O sexo é a mais óbvia delas. Os povos primitivos são, na maioria das vezes, preguiçosos e deprimidos; uma cerimônia, tal como a descrita acima, redireciona suas energias e devolve-lhes o senso de propósito, restabelece sua "função de realidade" (aqui Jung cita Janet).

A despeito das mesuras com relação a Freud, Jung está obviamente contradizendo uma das afirmações mais fundamentais de Freud. Jung afirma que as *necessidades* do homem são muito mais amplas e mais profundas do que o sexo. A felicidade é uma liberação da libido, e a libido possui muitos canais possíveis, sendo que o bloqueio de qualquer um deles pode produzir a neurose ou desviar a libido para outros canais.

O objeto de prova de Jung é Miss Miller. Ela descreve como compôs uma canção de marinheiro, depois de observar um oficial italiano cantando em sua ronda noturna. Apenas de passagem a autora menciona este oficial, mas Jung o vê como o cerne do problema. "Miss Miller deve ter subestimado consideravelmente a extensão das impressões eróticas que teve." Ela reprimiu seu instinto sexual despertado, antes mesmo que ele pudesse entrar para o nível da percepção consciente; em seu sonho, ele é sublimado através do poema sobre o Deus Pai. A forma sexual da libido simplesmente encontrou outra de suas saídas naturais: a religião.

Especialmente neste exemplo, Jung ainda parece estar preso à sua admiração por Freud. "O problema de Miss Miller era o problema humano comum: como tornar-se criativa? A natureza só conhece uma resposta para isto: através de uma criança... Mas como se consegue uma criança? Aqui surge o problema que, como a experiência tem mostrado, se relaciona com o pai, de forma que não pode ser devidamente tratado porque a preocupação excessiva com o pai traz, ao mesmo tempo, a barreira do incesto..." Esta é a explicação — pouco convincente — de Jung para o motivo que levou Miss Miller a reprimir seu impulso sexual; afinal, se todas as garotas se deparassem com a barreira do incesto logo que pensassem em ter filhos, a Terra permaneceria despovoada.

Mas no momento em que chega ao longo drama sobre o herói asteca, Jung pode finalmente dar as costas a Freud e penetrar o reino mítico que ele transformou em seu próprio. Em cinco longos capítulos, que ocupam cerca de trezentas páginas, ele analisa exaustivamente o "drama" de três páginas da Srta. Miller, fazendo referências à origem do herói, aos símbolos da mãe e de libertação da mãe, ao renascimento e ao sacrifício. O que ele tenta fazer, naturalmente, convencer-nos de que as fantasias da Srta. Miller estão povoadas de símbolos religiosos e míticos inconscientes, para os quais podem ser encontrados paralelos no mundo todo. O problema aqui é que ele acaba apresentando tantos paralelos, que o leitor vai-se tornando cada vez mais cético.

Mark Twain conta a história de um inventor que explica sua invenção a um milionário. Depois de cinco minutos, o milionário está ansioso por investir nela. Mas o inventor quer convencê-lo acerca das centenas de outras possibilidades, e prossegue em sua explicação por uma hora. Ao final deste tempo, o milionário, exausto e aborrecido, mostra-lhe a porta da rua. Os *Symbols of Transformation* tendem a produzir o mesmo efeito. Muitas páginas, por exemplo, são dedicadas à análise do nome do herói, Chiwan-to-pel. Jung observa sua semelhança com Popocatapetl, salientando que, em alemão, *popo* significa traseiro, e que *poop* significa peidar. Desta forma, o nome do herói significaria, na verdade, "eu o produzo a partir de mim mesmo", como o excremento é produzido pelos intestinos. . .

O problema que se apresenta aqui é o seguinte: qualquer um que considere as interpretações sexuais de Freud como freqüentemente forçadas, acha-se propenso a considerar as interpretações de Jung duas vezes mais improváveis. Via de regra, elas parecem tão arbitrárias quanto a interpretação de folhas de chá. Ao citar um verso de *O Paraíso Perdido* a respeito da criação do som por Deus, a Srta. Miller também cita a abertura: "Da primeira desobediência do homem. . .". Jung pergunta por que ela mencionaria a desobediência do homem. Porque o que ela de fato tem em mente é sexo e pecado — incesto, na verdade. . . Antecipando a objeção de que não existe qualquer significado mais profundo na citação do primeiro verso de um poema ou do último, Jung argumenta: "A lei da causalidade psíquica nunca é devidamente levada a sério: não existem acidentes. . . É assim, e existe uma boa razão para que assim seja." Mas quando se torna evidente que Jung pretende aplicar esta advertência a cada argumento do livro, o leitor começa a ficar cada vez mais impaciente. Jung descreve uma de suas pacientes, que se masturbava na frente dele, enquanto fazia um movimento circular com o outro dedo indicador em sua têmpora esquerda. Este, diz Jung, é o movimento que o homem primitivo fazia quando queria fogo: friccionava um graveto contra outro pedaço de madeira. A garota demonstra a transformação de uma forma de libido em outra: energia sexual em produção de fogo. Entretanto, uma vez que a garota já estava se masturbando com a outra mão, é difícil entender por que ela precisava transformar uma coisa em outra. Freud provavelmente teria dito que o ponto principal era o fato de ela estar pressionando o dedo contra sua têmpora, e que a mulher vê sua vagina como a um templo *: assim ela estaria de fato se masturbando com as duas mãos... Infelizmente, há pouca diferença entre esta interpretação e a de Jung.

Símbolos da Transformação não alcançou seus objetivos no sentido de tentar formular uma alternativa convincente para as idéias de Freud. Com suas extensas notas-de-rodapé, suas citações em grego e latim, suas discussões sobre a mitologia babilônia, egípcia e hindu, a obra nos dá a impressão de que Jung pretende forçar o leitor a submeter-se a um simples exibicionismo intelectual.

Mas se Jung não convence como cientista, certamente consegue sair-se bem enquanto artista. *Símbolos da Transformação* é mais do que um estudo de psicologia; é também a afirmação de uma profunda convicção pessoal. A primeira coisa que salta aos olhos do leitor é a desnorteante profusão de citações de vários poemas, peças de teatro, memórias históricas e obras de ficção. O livro é virtualmente uma antologia da literatura favorita de Jung. O método empregado é o mesmo utilizado mais tarde por T. S. Eliot em *A Terra Devastada*: tentar colocar o presente em perspectiva, evocando o pano-de-fundo do passado, de outros tempos e outros lugares, de horizontes mais largos e temas mais profundos. Tal postura se evidencia no momento em que Jung cita uma longa passagem de Sto. Agostinho a respeito da corrupção e de perversidade em Cartago; Eliot viria a citar a mesma passagem em *A Terra Devastada*. Eliot estava

---

* Jogo de palavras. Em inglês, *temple* significa tanto *templo* como *têmpora*. (N. do T.)

preocupado com o materialismo rígido, a estreiteza de visão e a mediocridade do séc. XX. Para Jung, essa estreiteza era simbolizada pela teoria sexual de Freud. Assim, a despeito da discreta homenagem prestada a Freud, fica patente, desde o início, que Jung considera a teoria sexual da neurose não apenas limitada e estreita, mas também asfixiante, sufocante. *Símbolos da Transformação* é uma firme tentativa de abrir algumas janelas — ou, se necessário, de quebrá-las. A obra tem o mesmo espírito do protesto de Blake contra Newton, ou de Yeats contra T. H. Huxley. O que se evidencia a partir das citações de Goethe, Nietzsche, Hölderlin e Mörike é que Jung simpatizava com os grandes poetas e visionários, e não com Freud e seus discípulos medíocres.

Nos primeiros capítulos do livro, Jung centraliza suas críticas a Freud em torno de pequenas divergências a respeito da libido. Num capítulo posterior, intitulado "O Sacrifício" (no qual significativamente cita mais poemas do que em qualquer outro), ele finalmente põe as cartas na mesa. Citando uma afirmação de Freud, "Para começar, só conhecemos objetos sexuais", Jung comenta: "Tal afirmação não é muito mais do que uma alegoria sexual, semelhante àquelas que se fazem quando se comenta a respeito de ligações elétricas macho e fêmea, parafusos, etc. Tudo o que faz é interpretar as verdades relativas do adulto a partir das condições infantis, que são totalmente diferentes. A visão de Freud é incorreta, se a considerarmos literalmente. . ." De acordo com Jung, o tabu do incesto está associado à noção do retorno do herói ao corpo de sua mãe (pois sem um tal retorno, ele não poderá renascer). Ernest Jones lembra que quando Freud leu o livro, escreveu a Jones a respeito da passagem específica "em que Jung cometeu um erro". É muito provável que tal passagem seja a que se citou acima.

Em sua autobiografia, Jung lembra que, ao redigir o capítulo intitulado "O Sacrifício", sabia que este poderia custar-lhe sua amizade com Freud; como conseqüência, não conseguiu pegar no lápis por dois meses. "Finalmente decidi continuar escrevendo — e isto de fato me custou a amizade de Freud."

Esta afirmação não é totalmente verdadeira. Freud leu o livro em 1912, e uma certa frieza já havia surgido, em parte como conseqüência de um desentendimento prévio, quando Freud esperava que Jung fosse passar um fim de semana com ele em Kreuzlingen; na verdade, Jung estava fora, e recebeu a carta tarde demais. Em setembro, Jung voltou aos Estados Unidos, e o círculo de Freud ouviu comentários de que em suas conferências ele criticava Freud. Quando voltou, Jung escreveu a Freud para contar que tornara a psicanálise mais aceitável a muitas pessoas, que haviam sido afastadas por causa do problema da sexualidade. Acrescentou que "o procedimento de Freud com relação a Kreuzlingen" havia aberto nele uma ferida permanente. A resposta de Freud se inicia assim: "Prezado Dr. Jung" (ao invés do usual "Prezado Amigo"), e ressalta, com irritação: "O senhor reduziu uma boa margem de resistência com as modificações que fez, mas devo aconselhá-lo a lançar isto na coluna de crédito, porque, como o senhor sabe, quanto mais o senhor se retira do que é novo em psicanálise, mais certo o senhor ficará do aplauso e menos resistência irá encontrar." O comentário acerca "do que é novo" deve ter feito Jung estremecer.

Em novembro, Freud e Jung encontraram-se no Congresso de Psicanálise em Munique, e houve uma espécie de reconciliação entre os dois, quando Freud explicou que não fora de propósito que enviara o convite para Kreuzlingen com dois dias de atraso. Numa carta endereçada a Freud pouco tempo depois, Jung cometeu um deslize freudiano: "Até mesmo os amigos íntimos de Adler não me consideram como um dos de vocês", quando queria escrever "um dos deles". (Adler, cuja teoria da neurose baseava-se na "ânsia pelo poder", rompera com Freud no ano anterior.) Freud chamou a atenção para este fato, e a fúria de Jung finalmente explodiu numa carta-resposta, a qual, ele certamente o sabia, teria o efeito de um tapa no rosto. A técnica de

Freud de tratar seus discípulos como pacientes, disse ele, era um erro crasso. Desta forma, ou o senhor gera filhos tirânicos ou bonecos despudorados... Sou objetivo o suficiente para conseguir enxergar seu pequeno truque. O senhor sai por aí farejando todas as ações sintomáticas em sua vizinhança, assim procedendo, reduz todas à condição de seus filhos e filhas que, ruborizados, admitem a existência de suas falhas. Enquanto isso o senhor permanece no alto, confortavelmente sentado como o pai. Por uma simples questão de subserviência, ninguém ousa pegar o profeta pela barba e perguntar, por uma única vez, o que ele diria de um paciente com tendências a analisar o analista ao invés de si mesmo... Como o senhor pode ver, meu caro professor, enquanto o senhor fizer estas coisas, eu não ligo a mínima para minhas ações sintomáticas; elas se reduzem a nada, se comparadas com a formidável viseira colocada nos olhos de meu amigo Freud..."

Esta talvez seja a carta mais reveladora que Jung jamais escreveu. Ele tocara uma verdade fundamental a respeito de Freud: a de que ele era obcecado por uma necessidade de poder, por autoridade pessoal. A razão pela qual era tão importante que a teoria sexual — que reduzia impiedosamente a religião à fixação paterna e gênios a complexos de Édipo — se transformasse num "dogma inabalável" estava no fato de que ela era a base da autoridade de Freud. Ele era o messias de sua própria religião alternativa, e qualquer questionamento desta religião poderia abalar este messias. Mas Jung também era um jogador habilidoso no jogo do poder. Os *Símbolos da Transformação* podem ser analisados como um exemplo notável daquilo que Stephen Potter chamou de *One Up-manship.* Partindo de condições pobres e pouco promissoras, Jung lutara muito para conseguir reputação internacional; esta luta deveu-se em grande parte à sua condição de primeiro-tenente de Freud. Mas ele não tinha a menor intenção de permanecer como um simples tenente, pela boa razão de sentir que sua visão particular era mais ampla e mais profunda do que a de Freud. O que

Jung de fato pretendia era permanecer dentro do movimento da psicanálise na condição de líder teórico deste movimento — uma espécie de Platão para aquele Sócrates que era Freud.

O contato mais próximo com Freud — na viagem aos Estados Unidos — convencera-o de que isto era impossível. Freud atribuía uma importância exagerada à autoridade pessoal e estabelecia condições bastante claras: aceite que o sexo é a origem de todas as neurosas ou caia fora. Mas Jung não via qualquer razão para aceitar esta escolha. Sentia que havia uma terceira possibilidade: ampliar cuidadosa e imperceptivelmente a teoria sexual de forma tão gradativa, que arrastasse Freud com ele.

Quando começou a escrever *Símbolos da Transformação,* as perspectivas pareciam excelentes. Freud encorajara-o efetivamente a estudar mitologia, pensando que ele pretendia anexar estes conhecimentos à teoria sexual. E há indícios de que Freud não só aceitou as idéias de Jung com relação à mitologia, como também se preparava para divulgá-las como sendo suas próprias. Numa carta a Jung, datada de 1.º de setembro de 1911, Freud diz: "Estou pretendendo escrever um pequeno suplemento à análise de Schreber, que estou certo irá interessar ao *senhor*. Além disso, para qualquer um que tenha ouvidos aguçados, ele é o prenúncio de algumas coisas." Este suplemento — apresentado no Congresso de Weimar no final daquele mês — mostra que Freud fora influenciado por Jung: nele, Freud afirma que o inconsciente contém "vestígios do homem primitivo". E a observação de que "para pessoas com ouvidos aguçados, ele é o prenúncio de algumas coisas" era virtualmente um sinal de que o próprio Freud pretendia desenvolver esta idéia. Da mesma forma, uma outra frase significativa da carta: "Então o senhor também está ciente de que o Complexo de Édipo é a base do sentimento religioso! Bravo!" Este "o senhor também" deve ser considerado como a primeira e sutil sugestão de que Freud pretendia exigir prioridade. Mas se tal sugestão irritou Jung, também deve tê-lo convencido de que seus planos de "ampliar" a teoria sexual estavam dando certo.

Mas quando chegou o momento, Jung não foi tão maquiavélico quanto imaginara. Por toda a primeira metade de *Símbolos da Transformação,* consegue ser bastante equilibrado — parecendo freudiano ao questionar sutilmente as idéias de Freud. Entretanto, quando chega ao capítulo "O Sacrifício", não é mais capaz de se conter: era preciso colocar as cartas na mesa através de uma divergência fundamental de opinião. A conseqüência não foi um rompimento com Freud; mas isso subitamente alertou Freud para o perigo. No Congresso de Munique, houve uma reconciliação parcial quando o "mal-entendido a respeito de Kreuzlingen" foi esclarecido. Segundo Jung, Freud "soltou fumaça" e "não o poupou de um bom sermão de pai". Mas durante o almoço, Freud abruptamente perguntou a Jung — e a seu companheiro Riklin — por que não haviam mencionado seu nome em publicações recentes sobre a psicanálise. Jung dissimuladamente respondeu que Freud era tão famoso como o fundador da psicanálise que isso era desnecessário. Seguiu-se a discussão sobre Ikhnaton e o patricídio — já mencionada — que levou Freud a sofrer um segundo desmaio. Jung observa que enquanto carregava Freud para a outra sala, Freud lançou-lhe um olhar de profunda reprovação, e murmurou: "Como deve ser doce morrer."

Agora era guerra: não declarada, mas guerra. Numa carta a Jung, Freud menciona que o desmaio deveu-se à enxaqueca, mas admite que "também havia um componente psíquico". E acrescenta: "Uma ponta de neurose de que eu realmente deveria cuidar." Para Jung, tal admissão era como o cheiro de sangue. Sua carta seguinte começa assim: "Muito obrigado por uma passagem de sua carta, em que o senhor menciona 'uma ponta de neurose' da qual não conseguiu livrar-se. Esta 'ponta', na minha opinião, deveria ser considerada muito seriamente. . . Em minhas discussões com o senhor, sofri por causa dela, embora o senhor não o percebesse. . ." Jung fazia o jogo de Freud. A principal arma de Freud era precisamente esta tendência a analisar a psique de outras pessoas e atribuir suas ações a neuroses ocultas. No parágrafo seguinte, Jung não hesita em demonstrar seu ressentimento em relação a esta tática. "Aflige-me o desejo puramente humano de ser compreendido *intelectualmente* e não ser analisado pelo padrão da neurose." As armas estavam em punho. "Quanto a esta ponta de neurose, permito-me chamar sua atenção para o fato de que o senhor inicia *A Interpretação dos Sonhos* com o triste reconhecimento de sua própria neurose — o sonho da injeção de Irma: identificação com o neurótico que precisa de tratamento. Muito significativo." Prossegue lembrando a Freud que certa vez ele se recusara a dar-lhe maiores informações a respeito de um sonho, dizendo que com isto poderia perder sua autoridade. E continua: "Peço-lhe uma coisa: tome estas palavras como um *esforço para ser honesto,* e não aplique o critério vienense depreciativo da luta egoísta pelo poder, ou qualquer outra insinuação do universo do Complexo de Édipo. Isto é exatamente o que tenho ouvido por toda a parte, nestes dias, e me leva à dolorosa conclusão de que a maioria dos psicanalistas fazem mal uso da psicanálise, com o propósito de depreciar os outros. . ." Mas não era os psicanalistas que ele atingia: era Freud. "Uma opinião particularmente ridícula e absurda, atualmente em voga, é a de que minha teoria da libido é produto do erotismo anal. Quando penso na *pessoa* que inventou esta 'teoria', temo pelo futuro da análise."

Freud inicia sua longa carta de resposta assegurando a Jung que ele não se ofendera com sua indelicadeza; mas dedica a maior parte da carta discutindo a revista e o anuário de psicanálise, e conclui: "Sinto não estar em condições de discutir mais detalhadamente sua observação a respeito da neurose dos psicanalistas, o que não deve ser interpretado como uma recusa. Num aspecto, porém, ouso discordar mais enfaticamente: suponho que o senhor não tenha sido prejudicado por minha neurose." Até aqui Freud estava ganhando a parada; era Jung quem perdia a paciência, enquanto Freud permanecia frio e condescendente. Foi logo depois disto que Jung enviou a carta devastadora — já mencionada — sobre puxar a barba do profeta.

O resultado não foi o rompimento que Jung esperava. Nenhum dos dois estava preparado para isso. Tinham ferido um ao outro e desejavam ferir-se ainda mais. Adler teria sorrido ironicamente se tivesse tido acesso à correspondência dos dois; era a ilustração perfeita para a sua teoria de ânsia pelo poder. Mas não deveria haver mais discussões em público. Os dois eram como boxeadores cautelosos demais para baixarem a guarda. A correspondência sobre assuntos de natureza puramente prática é formal e educada. Em junho de 1913, Freud escreveu: "Jung é louco, mas não desejo uma separação, e gostaria de vê-lo destruir-se primeiro." Este parece ser um sentimento curioso para alguém "que não desejava a separação". Na verdade, significa que Freud não desejava a separação até que tivesse uma chance de desferir em Jung um golpe mortal.

Naquele ano — 1913 —, no Congresso de Munique, Jung presidiu a mesa de trabalhos. Mas a maioria dos membros presentes eram partidários ou de Freud ou de Jung. Jung usou sua posição para interromper os trabalhos dos adeptos de Freud, causando muita indignação com seu comportamento arbitrário. Não obstante, foi reeleito presidente da Associação. A reação de Freud foi sugerir que a Associação fosse dissolvida e reestruturada sem o grupo suíço liderado por Jung. Jung tornou as coisas mais fáceis ao renunciar ao cargo de editor do anuário. Em abril de 1914, renunciou também à presidência da Associação. Mas tratava-se apenas de simples rituais. Com a carta sobre "a barba do profeta", escrita dezesseis meses antes, ele já renunciara ao que possuía de mais precioso: sua imagem com Freud.

CAPÍTULO QUATRO

Senhor do submundo

Jung possuía um ego extremamente saudável, mas estes conflitos haviam-no abalado profundamente. Não se tratava simplesmente de Freud encarnar a figura paterna: um homem por quem sentia respeito e afeição. O problema era que Freud era o psicólogo mais famoso da Europa e, conseqüentemente, consideravelmente "superior" a Jung. George Meredith observou certa vez: "Numa briga entre marido e mulher, aquele que possuir o maior número de amigos terá razão." O mesmo vale para os psicólogos. Freud tinha muito mais amigos e colaboradores do que Jung. Portanto, suas críticas feriam, e Jung experimentou a *sensação* de estar errado, embora tivesse a certeza de estar com a razão. Sentiu que os psicanalistas usavam armas injustas — como a sugestão de que sua teoria da libido se derivava do erotismo anal. Não obstante, tinha que admitir que a teoria de Édipo, de Freud — sobre o filho que deseja a morte do pai — aplicava-se a seu caso. Depois do rompimento, Freud descreveu Jung como "brutal e santarrão". Jung sentiu-se profundamente ressentido com a insinuação de que era um hipócrita, um Judas egoísta, um "rato". Entretanto, havia nisto verdade suficiente para produzir efeito. Sem dúvida Jung *era* um homem que gostava do caminho que escolhera, não importando o quanto isto pudesse custar aos outros. Continuava, por exemplo, a ter um caso amoroso com Toni Wollf, apesar do sofrimento de Emma. Durante anos vinha utilizando sua poderosa personalidade para convencer os outros a respeito de suas idéias: por exemplo, quando converteu Bleuler ao freudianismo. Agora estava sendo acusado de não ser mais do que um grosseiro rufião. E a honestidade obrigava-o a admitir que a acusação tinha algum fundamento.

A autocrítica levou-o a uma nova atitude de humildade para com seus pacientes; ao invés de interpretar os sonhos que lhe eram relatados, simplesmente perguntava aos pacientes sua opinião sobre eles. Mas isto apenas transferia o problema. Mesmo rejeitando a tendência anterior de impor suas próprias opiniões, ainda precisava encontrar algum novo conjunto de idéias.

Dois sonhos pareciam confirmar suas opiniões a respeito do "inconsciente coletivo". Um pássaro branco pousou sobre a mesa e transformou-se numa linda garotinha de oito anos. Mais tarde, ela se transformou novamente em pomba e disse-lhe que só podia se transformar em ser humano quando o pombo estivesse ocupado com "os doze mortos". Os "doze mortos" pareciam ter algum significado mitológico, mas Jung não tinha a menor idéia do que poderia ser. Em outro sonho, Jung se encontrava numa alameda de túmulos, em Arles. Os mortos ganhavam vida quando ele os via. Finalmente, chegou a um túmulo em que havia um cruzado de madeira em cota de malha, que parecia estar morto; entretanto, quando Jung olhou para ele, ele mexeu um dedo. Novamente, teve a nítida sensação de que o sonho tentava *dizer*-lhe alguma coisa. E se um sonho podia "dizer-lhe" alguma coisa, então os sonhos não eram apenas manifestações dos desejos e medos inconscientes. De alguma forma, deveriam ser *mais sábios* do que o si-mesmo consciente. E era precisamente nisto que Jung tanto precisava acreditar. Precisava de um apoio contra suas dúvidas sobre si mesmo e sua autocrítica.

Começou a colecionar pedras que encontrava ao redor do lago e construiu uma cidade em miniatura: a cidade era completa, com castelo e igreja. De fato, tratava-se de uma versão mais prática de seu devaneio de adolescente, de que era o senhor de um castelo. Ao duvidar do "intelectual", Jung instintivamente fortalecia um outro aspecto de sua personalidade: o homem prático, o construtor.

Imaginava estar lutando contra a enfermidade mental, induzido pelo abalo sofrido em sua auto-estima. A evidência eram seus sonhos que despertavam, também, em sua vida consciente. Numa viagem de trem, em outubro de 1913, teve a visão de uma inundação que cobria toda a Europa, do mar do Norte aos Alpes, com destroços flutando e corpos afogados; então, o mar transformou-se em sangue. Esta não foi uma alucinação momentânea; durou uma hora e retornou duas semanas depois. No verão de 1914, sonhou três vezes com uma massa de ar frio que descia do Ártico e congelava toda a Europa. O irrompimento da guerra em agosto deve ter sido como que um alívio para Jung, pois ele pôde interpretar estas visões como premonições da catástrofe.

Mas as alucinações persistiam. "Indefeso, eu me encontrava diante de um mundo alienígena... Vivia em um constante estado de tensão; era como se, muitas vezes, gigantescos blocos de pedra desabaram sobre mim. As tempestades seguiam-se umas às outras. Minha resistência a elas era uma questão de força brutal. Outros haviam sucumbido por causa delas — Nietzsche, Hölderlin e muitos outros." Jung havia observado um número suficiente de pacientes sofrendo de delírios para saber que sua própria sanidade estava em perigo. Assim como um homem que não dorme há dias começa a sonhar acordado, também um homem com um "vazamento" psicológico contínuo — uma válvula de escape de energia decorrente do desespero ou da ansiedade — percebe que a linha nítida que separa o racional começa a se turvar. "Mas havia uma força demoníaca em mim, e desde o início eu não tinha a menor dúvida de que precisava encontrar o significado daquilo que vivenciava em minhas fantasias. Suportando estes assaltos do inconsciente, tinha a firme convicção de que obedecia a uma vontade superior, e este sentimento continuou me incorajando até que dominei o problema."

Jung tinha sorte de ser um psiquiatra, com seus próprios pacientes para tratar; isto certamente foi importante para permitir a ele manter um certo desprendimento. Sob este tipo de estresse, as pessoas que não estão acostumadas com a auto-análise sentem-se inclinadas a se destruírem quando entram em pânico. A resposta para o problema está em não permitir que o pânico se instale; e Jung sabia disto instintivamente. Num certo sentido, estava numa posição privilegiada. Poucos psiquiatras passam pela experiência de viver na loucura. Nesta época, era essencial para Jung manter a distinção entre seu "Número 1" e seu Número 2", o sofredor e o espectador.

Pouco depois da visão da inundação que se transformou em sangue, Jung tomou uma importante decisão: parar de resistir, e entregar-se completamente às fantasias. Ele descreve como, em dezembro de 1913, estava sentado em sua escrivaninha, pensando em seus temores — ou seja, tentando resistir a uma crescente maré de pessimismo e pânico. "Então, abandonei-me à queda. Subitamente, foi como se o chão literalmente se abrisse sob meus pés, e caí em profundezas escuras. Não pude evitar um sentimento de pânico. Mas de repente, sem que tivesse atingido uma grande profundidade, pousei os pés numa massa mole, pegojosa. Senti-me enormemente aliviado, apesar de me encontrar aparentemente em completa escuridão. Depois de algum tempo, meus olhos acostumaram-se às trevas, que agora pareciam ccm o final de um crepúsculo." Viu-se diante da entrada de uma caverna, guardada por um duende, cuja pele parecia ser de couro. Patinhando na água congelada, dirigiu-se para o fundo da caverna, ao longe, onde cintilava um cristal vermelho. Ergueu-o e encontrou embaixo uma cavidade com um córrego. O cadáver de um jovem louro flutuava, com um ferimento na cabeça. Seguiu-se um gigantesco escaravelho preto — um símbolo do renascimento — e um rubro

Sol nascente que surgia da água. Quando tentou recolocar a pedra em seu lugar, o sangue começou a jorrar da abertura.

Seis dias depois, Jung teve outro "sonho". Ele estava numa região montanhosa, acompanhado de um selvagem de pele morena; os dois estavam deitados, à espera, e portavam rifles. Siegfried apareceu sobre o topo da montanha, dirigindo uma carruagem de ossos; os dois atiraram, e ele caiu morto. Jung sentiu um profundo remorso por ter matado o herói; então, uma chuva torrencial começou a cair, lavando o sangue. . .

Ao acordar, Jung sentiu que era de fundamental importância entender o sonho imediatamente; uma voz interior disse-lhe que, a menos que pudesse entendê-lo, poderia matar-se — havia um revólver carregado na cômoda. De repente, a solução apareceu. O sonho se relacionava com a situação internacional — os alemães decidiam tomar seu próprio caminho. Mas ele tinha compreensão e humildade suficientes, para ver que o sonho também dizia respeito a ele próprio. Jung impressionara Freud por ser "do tipo funcionário", pois na década anterior fora guiado por uma ambição desmedida — "brutal e santarrão". "O sonho me mostrara que a atitude encarnada por Siegfried, o herói, não mais se adequava a mim. Era preciso, portanto, que fosse morta."

Agora Jung havia feito aquilo que poderia ser considerado sua descoberta mais importante: ele podia, de fato, "sonhar" enquanto estava acordado; criar um mundo imaginário interior com tal vividez, que se tornasse realidade. A isto deu o nome de "imaginação ativa".

> Para conseguir estas fantasias, freqüentemente imaginava uma ladeira íngrime, que conduzia para baixo. Cheguei mesmo a fazer várias tentativas de chegar ao final dela. A primeira vez que o consegui, atingi a uma profundidade de aproximadamente trezentos metros; na outra vez encontrei-me à beira de um abis-

mo cósmico. Era como uma viagem à Lua, ou a descida ao vácuo. Primeiramente, veio a imagem de uma cratera, e tive a sensação de estar no país dos mortos. A atmosfera era aquela do outro mundo. Próximo à inclinação íngreme de uma pedra, vi duas figuras: a de um homem idoso, de barba branca, e a de uma linda jovem. Reuni minha coragem e me aproximei deles, como se fossem pessoas reais. Ouvi atentamente o que me diziam. O homem velho explicou-me que era Elias, e isto me deixou chocado. Mas a jovem me surpreendeu ainda mais dizendo que era Salomé! Era cega. Que estranho casal: Salomé e Elias. Mas Elias assegurou-me de que ele e Salomé pertenciam um ao outro por toda a eternidade, e isso me deixou completamente confuso... Uma serpente negra vivia com eles.

Mais tarde, a figura de Elias evoluiu para a de um homem idoso, que Jung chamou de Filemon. Ele apareceu pela primeira vez como um homem com chifres de touro, carregando um molho de chaves. Tinha as asas de um martim-pescador. Jung começou a pintar Filemon — a pintura tornara-se um passatempo para ele desde a adolescência —, e enquanto estava ocupado em pintar, encontrou um martim-pescador morto em seu jardim — uma "coincidência" que ele mais tarde chamou de sincronicidade.

Filemon e outras figuras de minhas fantasias tornaram evidentes para mim o *insight* fundamental de que existem coisas na psique que eu não produzo, mas que produzem a si mesmas e têm vida própria. Filemon representava uma força que não era eu. Em minhas fantasias, conversava com ele, e ele me dizia coisas em que eu, conscientemente, não teria pensado. Percebia claramente que era ele quem falava, não eu. Ele dizia que eu tratava os pensamentos como se eu mesmo os tivesse gerado, mas que, a seu ver, os pensamentos eram como animais numa floresta... Foi ele quem me ensinou a objetividade psíquica, a realidade da psique.

Esta foi, como o próprio Jung reconheceu, a mais importante descoberta de sua vida. Ela o convencera — mais do que qualquer outra coisa — acerca da realidade do inconsciente coletivo e de seu conteúdo mitológico. Os acontecimentos daquele período difícil propiciaram a Jung *insights* que ele continuaria a desenvolver pelo resto de sua vida, por mais meio século, aproximadamente.

Entretanto, antes de considerarmos esta evolução, seria aconselhável observarmos mais atentamente este "confronto com inconsciente", e tentar entender precisamente o que de fato ocorreu.

Vimos que Jung era um romântico por natureza, um homem possuído pelo senso do mistério sem fronteiras do universo. A profissão de médico era para ele uma segunda opção; teria preferido ser arqueólogo. As palavras de Krafft-Ebing sobre as "doenças da personalidade" e o estado de subdesenvolvimento da psiquatria levaram-no a pensar na possibilidade de ser este um campo em que poderia empregar todas as suas energias criativas. Elas provavelmente evocaram a imagem de uma espécie de mágico — ou, pelo menos, a imagem de um professor Frankstein — explorando as passagens subterrâneas da alma humana.

A despeito deste entusiasmo, é provável que a psiquiatria, com suas teorias "organicistas" e seus trabalhosos testes de associações de palavras, tenham-lhe decepcionado um pouco. Então Jung descobriu Freud. O que o atraiu não fora a teoria sexual da neurose, em que ele não acreditava desde o início, mas a visão de Freud do inconsciente como um vasto submundo. Uma vez mais, Jung podia ver-se como um explorador — uma personagem de Julio Verne — descendo a profundezas obscuras, onde o Sol nunca havia penetrado.

Freud logo provou ser tão decepcionante quanto Bleuler e Krafft-Ebing. E uma vez mais foi um livro que determinou a direção do futuro de Jung: *Símbolos e Mitologia,* de Creuzer. Jung mergulhou nele com o mesmo entusiasmo com que Yeats mergulhara nos antigos mitos irlandeses. Jung queria e precisava achar alguma ligação entre "psicologia profunda" e mito. Blake, certa vez afirmara: "Preciso criar meu próprio sistema ou então serei escravizado pelo de outro homem", e o resultado foi sua própria e estranha mitologia dos arquétipos simbólicos — Los, Urizen, entre outros. Qualquer um que leia *Símbolos da Transformação* perceberá, de imediato, que o "sistema" de Jung foi criado a partir da mesma compulsão. O romântico, há tanto tempo reprimido, estava se reafirmando.

A conseqüência foi a luta pelo poder com Freud — tão cruel quanto a batalha pelo domínio entre dois alces ou dois macacos. O ego de Jung não era tão invulnerável quanto o de Freud; era ele quem suportava os ferimentos. Além disso, Freud estava cercado de discípulos, todos ansiosos por lhe assegurar que ele estava certo, e Jung errado. Jung estava sozinho, sem ninguém, além dele mesmo, para ajudá-lo a curar seu ego ferido.

De uma certa maneira, porém, esta foi sua grande sorte. A maioria dos *outsiders* do séc. XIX passaram pela mesma crise: a sensação de estarem sozinhos contra o mundo. Alguns deles — como Holderlin e Van Gogh — foram destruídos pela tensão. Outros — como Schiller e Nietzsche — encontraram uma nova síntese. O problema de Jung era aprender a ficar sozinho — um problema que Freud nunca precisou enfrentar. Assim, Jung evoluía, enquanto Freud permanecia parado.

A esta altura, o que diferenciava Jung de todos os outros grandes psicólogos daquele período era o fato de ele reconhecer que era duas pessoas: o "Número 1" e o "Número 2, o si-mesmo de todos os dias e "Filemon". Vimos que essa descoberta já havia sido feita pelo americano Thomson Jay Hudson; em *The Law of Psychic Phenomena (A Lei dos Fenômenos Psíquicos)* faz referência aos dois si-mesmos, chamando-os de "mente objetiva e mente subjetiva". A mente objetiva é o si-mesmo de todos os dias, que "enfrenta" o mundo exterior; a mente subjetiva trabalha com o mundo interior do homem.

Em nossos dias, a fisiologia dos indivíduos com hemisférios cerebrais isolados descobriu que estes dois si-mesmos correspondem, *grosso modo,* aos hemisférios cerebrais esquerdo e direito. Quando a comissura — o feixe de nervos — que liga os dois hemisférios cerebrais é rompido (para curar epilepsia, por exemplo), o paciente transforma-se em *duas pessoas.* Um paciente de cérebro dividido tentava bater em sua esposa com uma mão, enquanto, com a outra, mantinha-a afastada; um outro tentava fechar sua braguilha com uma das mãos, enquanto a outra insistia em mantê-la aberta. Além disso, tudo indica que a pessoa a quem chamo de "eu" habita o hemisfério esquerdo (que se ocupa da linguagem e da lógica). A pessoa que habita o hemisfério direito (que se ocupa dos padrões e das intuições) é um desconhecido. Um paciente com hemisférios cerebrais isolados bateu numa mesa com o lado esquerdo de seu corpo (que está ligado ao hemisfério cerebral direito) e não percebeu a pancada. Se um paciente com hemisférios olhar algum objeto com o olho esquerdo (ou, mais precisamente, com o campo visual esquerdo), ligado ao hemisfério cerebral direito, será incapaz de verbalizar o que acabou de ver. Mas poderá *escrever* o que viu com a mão esquerda.

Têm-se sugerido que o hemisfério cerebral direito é, de fato, a mente inconsciente. Outros especialistas do cérebro contestam esta afirmação. O que parece certo, porém, é que hemisfério cerebral direito é o portão que conduz ao mundo do inconsciente, bem como o local em que habita a "mente subjetiva".

Poder-se-ia objetar que muitos de nós não somos pacientes com hemisférios cerebrais isolados. Entretanto, num sentido vital, isto não é verdade. Excluídos os momentos de profunda consciência psicológica — momentos de crise, de excitação ou de inspiração —, não mantemos muitos contatos com aquele "outro si-mesmo". Certa vez, Mozart disse que sons prolongados não paravam de soar em sua cabeça; certamente queria dizer que tais sons vinham do mundo do cérebro direito — que é a metade "artística" do homem — para o cérebro esquerdo, o ego pessoal. Se Mozart, com sua genialidade intuitiva, era um "paciente com hemisférios cerebrais isolados", então o resto de nós também o é.

Mas embora Jung estivesse ciente da presença destes dois "si-mesmos" em sua cabeça, nunca exercitou muito bem suas funções distintas. Por exemplo: o capítulo de abertura de *Símbolos da Transformação* intitula-se "Os Dois Tipos de Pensamento". O primeiro tipo é o "pensamento dirigido", o pensamento em linguagem; este é, obviamente, o pensamento do hemisfério esquerdo do cérebro. Mas, segundo Jung, o segundo tipo de pensamento, o "pensamento não-dirigido", é fantasia, associação livre — o tipo de pensamento a que nos abandonamos quando, deitados, permanecemos acordados no meio da noite. Ele o compara ao sonho, e defende a hipótese de que o pensamento do homem primitivo era deste tipo — é isto que Jung considera a origem dos mitos. Na verdade, o pensamento do lado direito do cérebro é o pensamento *intuitivo,* e não a livre fantasia; trata-se do tipo de "pensamento" que possibilita ao artista plástico o "equilíbrio" de sua composição, ou ao músico a forma de sua sinfonia. Mas é também o tipo de pensamento que propicia o rápido lampejo de *insight* ao cientista e ao matemático. Assim, os dois tipos de pensamento não podem ser separados com precisão.

À luz deste *insight,* a tentativa de Jung de afirmar que o "pensamento mitológico" é a contrapartida do "pensamento dirigido" soa pouco convincente. Ele parece estar tentando estabelecer uma distinção que na realidade não existe — pelo menos não na forma nítida e clara que ele sugere. Tal fato, por sua vez, coloca em risco uma de suas afirmações mais fundamentais: "O que, em nós, é uma fantasia subjacente, expôs-se, um dia, à luz do sol. O que, em nós, aflora apenas em sonhos e fantasias, foi, um dia, ou um hábito consciente ou uma crença geral" — uma afirmação que é o próprio fundamento de sua crença nos "arquétipos do inconsciente coletivo". O inconsciente mitológico de Jung parece ser menos um *insight* intuitivo sobre a natureza da psique do que uma explosão contrária, calculada, contra o "inconsciente sexual" de Freud.

Mas a visão intuitiva de Jung sobre o inconsciente é um outro problema. Como Hudson, reconhece que o inconsciente é um reino essencialmente independente, um "segundo si-mesmo". Reconhece, também, que se trata de um reino de enormes forças vitais. Hudson ficou muito surpreso quando, sob hipnose, um jovem absolutamente comum se pôs a conversar imaginariamente com filósofos e a criar os mais brilhantes sistemas intelectuais. Jung ficou surpreso com a constatação de que seu Filemon dizia coisas em que ele mesmo não teria pensado conscientemente. Ele conseguira produzir uma interessante forma de auto-hipnose, na qual era permitido à "mente objetiva" ("Número 1") entrar no reino da mente subjetiva ("Número 2").

Tudo isto nos possibilita estabelecer com precisão a diferença básica entre Freud e Jung — que também é a diferença entre Freud e Janet e entre Freud e Hudson. Para Freud, o inconsciente nada mais é do que as escuras profundezas da psique, repletas de "material infantil", o qual periodicamente vem à tona, dando origem aos imprevistos. O inconsciente, da mesma forma que o apêndice — outro órgão "arcaico" —, causa problemas, e, deste, não parece ter qualquer função positiva.

Para Jung, o inconsciente estava repleto de forças misteriosas, vitalizantes. (Hudson reconheceu que a "mente subjetiva" é responsável por nossas energias vitais.) Toda poesia verdadeira, toda arte verdadeira, tem sua origem no inconsciente, o que explica seu caráter de frescor, vitalidade, "surpresa". Segundo Hudson, a neurose se deve à perda de contato entre as mentes objetivas e subjetiva. A mente objetiva, enredada em seus pequenos propósitos egoístas, se esquece de que possui uma companheira invisível — uma imensa fonte de força — e começa a achar a vida tola, árdua e repetitiva. O resultado é uma espécie de "*feedback* negativo", perda de desejo levando à perda de motivação. Mas a angústia resultante não tem razão de ser. A mente subjetiva não nos abandonou efetivamente. Ela está perfeitamente disposta a nos salvar através de uma inesparada explosão de vitalidade ou sensação de conforto. Como o espírito diz a Fausto:

> "O mundo do espírito não fecha suas portas;
> Vosso coração é que está fechado, vossos sentidos adormecidos..."

E era o reconhecimento de Jung de que o inconsciente é o que Goethe chamou de "o mundo do espírito" (*die Geisterwelt*), e de que ele nada mais é do que nossa ligação com as fontes da vida, que tão claramente distinguia seu conceito do de Freud. No que concerne à psique, Jung é um romântico otimista e Freud um "realista" pessimista. A visão que Jung tem do inconsciente é quase chestertoniana; acredita que sua mensagem básica é de "muito boas novas".

Quando Jung retornou a Küsnacht, depois do rompimento com Freud, não o fez simplesmente para curar suas feridas e reparar seu ego danificado. A tarefa que ele encarava agora era a de auto-renovação, uma mudança total de direção. Os freudianos haviam-no acusado de ser um egoísta que tentava se promover, cuja teoria mitológica era uma tentativa espalhafatosa de roubar as idéias de Freud e vesti-las com seus próprios adornos mitológicos. Jung era honesto o suficiente para admitir que havia algo mais do que simplesmente uma ponta de verdade nisto tudo. Tratava-se do velho problema moral que tanto atormentara Nietzsche: o pensador é movido pelo desejo de achar a verdade, ou simplesmente pelo desejo de ser considerado um grande pensador? Jung tinha que estar preparado para abandonar o velho Jung, o Jung que os freudianos estavam atacando, e transformar-se em outra pessoa. Isto significava que precisava estar *absolutamente certo* acerca da verdade do que dizia.

E isto era uma enorme exigência para alguém que, um dia, tragara a maior parte dos dogmas freudianos. Se Freud estava errado em ver desejos de falos, vaginas e incestos no mais simples dos sonhos, como Jung poderia estar certo de que suas idéias a respeito de heróis e de renascimento não eram tão absurdas quanto as de Freud?

E foi na fase crítica desta dúvida que seu inconsciente — a mente subjetiva — veio em sua salvação, enchendo seus sonhos com símbolos mitológicos que pareciam sustentar sua teoria dos arquétipos — cavaleiros mortos em armaduras, Siegfried, Salomé, Elias, Filemon. Seus oponentes freudianos salientavam que Jung passara anos mergulhado na mitologia e em seus símbolos, e que, conseqüentemente, não seria de estranhar se eles aparecessem em seus sonhos. Sem dúvida Jung era atormentado pela mesma suspeita debilitante. Mas é provável que aqueles sonhos que tivera enquanto estava acordado tenham-lhe parecido ser um problema completamente diferente. Ser capaz de entrar em sua própria mente inconsciente e *conversar* com seu "Número 2" fora uma experiência que não deixara espaço para dúvidas. Se Freud tinha mais amigos do que Jung, Jung tinha um único aliado, que valia mais do que todos eles.

Jung redigiu suas fantasias num livro que chamou de *Livro Negro*; mais tarde, transferiu-as para o *Livro Vermelho,* acrescentando-lhes desenhos e pinturas. Estas pinturas são extremamente impressionantes e revelam que Jung poderia ter feito uma carreira como artista *. Mas um dado dos mais óbvios e interessantes a respeito delas é que são repletas de imagens religiosas — não apenas do cristianismo, como também das religiões orientais. Uma aquarela de Filemon é muito semelhante à parte de um manuscrito iluminado da Idade Média. Uma pintura do hindu criador do

* Algumas delas encontram-se reproduzidas em *Jung: Word and Image*, editado por A. Jaffé, em 1979.

mundo, Prajapati, parece ter sido retirada de algum manuscrito tibetano. O quadro "Luz no Coração das Trevas" mostra um dragão de aparência chinesa emergindo de uma explosão de luz; logo abaixo, porém, aparece uma típica cidadezinha suíça. Uma mandala pairando no ar sobre uma cidade retratada com perfeição à beira de um lago novamente combina o eterno simbolismo religioso com o mundo do séc. XX — a cidade está repleta de soldados, e altas chaminés expelem fumaça industrial. É como se Jung retornasse ao mundo da religião para pedir ajuda.

Mas talvez a mais significativa destas pinturas, do ponto de vista dos problemas psicológicos de Jung, seja aquela que ele chamou de "Encontro com a Sombra". Mostra uma figura com a cara de um animal, trajando uma capa de gala ricamente adornada ou um robe chinês, de pé, no canto de um aposento de ladrilhos vermelhos, com o símbolo da mandala atrás de si. Para Jung, a "sombra" é a mente inconsciente: não o *todo* inconsciente, mas a parte de nós que espera, por assim dizer, o momento de emergir para a luz do dia e ocupar seu lugar como parte da personalidade consciente. O que parece importante é que Jung representa a sombra, neste quadro, mais como uma figura de aparência sinistra, algo semelhante a um Jack, o Estripador, esgueirando-se num canto escuro. Mas ele também considera sua sombra o selvagem de pele morena que o ajudou a matar Siegfried. Se o considerarmos como uma imagem da "mente subjetiva" de Hudson, ou como a parte direita do cérebro, perceberemos imediatamente quão apropriada é a imagem do selvagem de pele morena. A parte direita do cérebro encerra nossa parte intuitiva; ela *é* simples, primitiva e pueril, e pode ser claramente distinguida do ego da parte esquerda do cérebro, que é comandado pela linguagem e pela lógica. Percebemos que Jung, ao reconhecer o selvagem de pele morena como sua sombra, intuitivamente entendera a natureza do "segundo si-mesmo", da mente subjetiva. Entretanto, sua imagem mental da sombra, conforme representada na pintura, é, no conjunto, mais sinistra — numa palavra:

mais freudiana. Os preconceitos freudianos de Jung continuavam a distorcer suas intuições.

Não obstante, o Livro Vermelho é a prova do sucesso da tentativa de Jung no sentido de uma auto-renovação. Ele criava um novo si-mesmo, que tinha mais elementos comuns com um monge medieval do que com um psiquiatra moderno. Até a construão da cidade-miniatura e da igreja revelam a mesma determinação em dar as costas ao intelectual freudiano e chamar à existência um aspecto mais simples, mais primitivo, de sua personalidade. Ele estava "concretizando" a sombra.

Em 1916, Jung acrescentou uma nova esfera àquela nova personalidade, ao escrever um pequeno livro intitulado *Sete Sermões aos Mortos.* Em *Memórias, Sonhos, Reflexões,* ele explica que tudo começou com um sentimento de inquietação, e a sensação de que o ar estava cheio de seres espectrais. "Então, foi como se minha casa tivesse se tornado mal-assombrada. Minha filha mais velha viu uma figura branca passar por seu quarto. Minha segunda filha, por sua vez... disse que por duas vezes, seu cobertor lhe fora tirado durante a noite..." Dois dias depois, a campainha da porta da frente começou a tocar insistentemente, mas não havia ninguém lá. Ao que tudo indica, Jung estava produzindo "fenômenos de exteriorização" — efeitos *poltergeits.* Sentiu que estava rodeado por mortos, e começou a escrever os *Sete Sermões.* Quando terminou, três noites depois, as "assombrações" desapareceram.

Quem se remeter aos *Sete Sermões* esperando revelações sentir-se-á desapontado. Um cínico poderá dizer que foram a tentativa de Jung de escrever seu próprio *Assim Falou Zaratustra.* Jung explica que "os arquétipos falam uma linguagem altamente retórica, até mesmo bombástica". Mas a explicação mais simples é de qualquer pessoa que deseje escrever "impessoalmente", com uma voz diferente daquela do ego do cérebro esquerdo, sente-se inclinada a imitar aquela linguagem impessoal da humanidade, encontrada nas Sagradas Escrituras.

> Os mortos voltaram de Jerusalém, onde não encontraram o que procuravam. Pediram-me guarida e suplicaram-me uma palavra. Assim comecei a ensinar.
>
> Prestai atenção: começo pelo nada. O nada equivale à plenitude. No infinito, o pleno não é melhor que o vácuo...

No segundo sermão, os mortos lembram Zaratustra ao perguntar: "Deus está morto?". Jung explica que Deus é "criatura", criação, e que o demônio é o oposto de Deus: o vazio. Mas existe um terceiro membro da trindade: Abraxas, a vida em si, com a dupla face do bem e do mal, como a divindade hindu Kali. Ao final do sexto sermão, dizem os mortos: "Pára de falar em deuses, demônios e almas. No fundo, há muito já sabíamos disto." Parece que o sermão anterior fora uma perda de tempo. Não obstante, no sétimo sermão aparece um dos versos mais significativos: "Nesse mundo é homem Abraxas, o criador e destruir de seu próprio mundo."

Para uns cientistas, esta parece ser uma afirmação extraordinária. Mas, como pudemos ver, Jung não tinha o temperamento de um cientista; tinha muito pouco em comum com Newton ou Einstein. Jung era um romântico e possuía algo de místico. Nos *Sete Sermões,* ele veste a capa de Zaratustra — embora o conteúdo guarde mais elementos comuns com os escritos herméticos do que com Nietzsche. Afirmar que o homem é o criador e destruidor de seu próprio mundo significa, na verdade, admitir que ele se considera em parte um artista, em parte um profeta. E o livro todo sugere mais um homem com uma missão do que um cientista. Significativo, porém, é o fato de Jung não ter permitido que os *Sete Sermões* fossem publicados em vida (exceção feita a uma pequena edição particular, destinada a seu próprio uso); no que dizia respeito ao grande público, ele desejava ser visto somente como um cientista.

Tudo o que se expôs acima nos remete de volta à questão discutida na Introdução do presente livro. Parece perfeitamente razoável que Jung desejasse ser conhecido apenas como cientista; afinal, ele tinha que pensar em sua carreira. Entretanto, uma observação mais minuciosa parece revelar que havia mais alguma coisa além disso. O temperamento de Jung tinha algo de artístico, e nenhum cientista tem que se envergonhar de possuir uma veia artística em sua formação (de fato, é interessante notar quantos cientistas e matemáticos são, ao mesmo tempo, bons músicos; é como se houvesse a necessidade de criar um equilíbrio interior entre o sentimento e a razão). E durante o período de "confronto com o inconsciente", Jung deliberadamente fortaleceu o artista que havia dentro dele, esculpindo em pedra, pintando quadros, escrevendo os *Sermões*. Por volta de 1920, Jung fazia experiências com o *I Ching*. Os curiosos efeitos *poltergeits* de 1916 haviam tornado mais sólida sua certeza acerca da existência do paranormal. Além disso, ele se tornara cada vez mais fascinado pelo símbolo religioso da mandala (que significa círculo, em sânscrito), tomando-o por uma imagem da alma. Sua autobiografia contém a seguinte passagem curiosa:

> Foi somente por volta do final da Primeira Guerra Mundial que, pouco a pouco, comecei a emergir das trevas. Dois acontecimentos contribuíram para isso. O primeiro foi o meu rompimento com a mulher que estava determinada a me convencer de que minhas fantasias tinham valor artístico; o segundo, e mais importante, foi quando comecei a entender os desenhos da mandala. Isto ocorreu em 1918/19, e neste ano eu estava no Chateau d'Oex como Commandant de la Région Anglaise des Internés de la Guerre. Enquanto lá estive, esboçava todas as manhãs, num caderno, um pequeno desenho circular, uma mandala, que parecia corresponder à minha situação interior do momento. Com a ajuda destes desenhos, pude observar minhas transformações psicológicas de dia para dia. Certa vez, por exemplo, recebi uma carta de uma senhora esteta, na qual ela

sustentava veementemente que as fantasias nascidas do meu inconsciente tinham valor artístico e deveriam ser consideradas arte. A carta atacou-me os nervos, pois estava longe de ser estúpida e, conseqüentemente, era perigosamente persuasiva. O artista moderno, afinal, procura criar arte a partir do inconsciente. O utilitarismo e a presunção ocultos por trás desta tese fizeram nascer em mim uma dúvida: não sabia ao certo se as fantasias que produzia eram realmente espontâneas e naturais, ou se eram, em última análise, minhas próprias invenções arbitrárias. De forma alguma eu estava livre do fanatismo e da *hubris* da consciência, que pretende acreditar que qualquer inspiração mais ou menos decente se deve ao mérito pessoal de alguém, enquanto as reações inferiores ocorrem simplesmente por acaso, ou mesmo derivam de fontes desconhecidas. Por causa dessa irritação e desarmonia dentro de mim, a mandala que desenhei no dia seguinte ficou diferente: parte do perímetro havia sido forçado e a simetria fora destruída.

E Jung rompeu com a "senhora esteta" — uma reação curiosamente violenta.

A explicação de Jung para sua irritação convence à primeira vista, mas se examinada mais atentamente, parece não ter qualquer sentido. Ele diz que está preocupado com o fato de não saber se as pinturas são realmente espontâneas e naturais, ou invenções conscientes. Então acrescenta que havia um elemento em si mesmo que *desejava* acreditar que elas eram invenções conscientes, e não "reações inferiores que ocorrem simplesmente por acaso, ou. . . de fontes desconhecidas". Isto dificilmente faz sentido.

E tudo se complica ainda mais se considerarmos que a reação da mulher frente às suas pinturas provavelmente foi a mesma que teria a maioria das pessoas; Jung é um bom pintor, de estilo sóbrio, primitivo; seus trabalhos freqüentemente nos fazem lembrar de Ensor. Por que a reação da mulher teria irritado Jung ao ponto de fazê-lo romper com ela?

Uma breve reflexão nos revela a resposta. O artista *inventa.* Jung não queria acreditar que suas pinturas eram "invenções" neste sentido; queria acreditar que eram a verdadeira voz do inconsciente. Recordemo-nos, pois, da sentença-chave de *Símbolos da Transformação*: "A lei da causalidade psíquica nunca é devidamente levada a sério: não existem acidentes. . ." Desta forma, sugerindo que Jung era um artista, a mulher — de quem não se menciona o nome — atirava-lhe, inocentemente, o mais mortal dos insultos. Se suas pinturas eram arte, eram "invenções". Se suas pinturas eram invenções — e aqui chegamos ao cerne do problema — o mesmo se poderia dizer de toda a teoria dos símbolos mitológicos expressa em *Símbolos da Transformação.* O "elogio" da mulher era virtualmente uma repetição da acusação que Freud e seus seguidores lhe lançaram. E obviamente atingiu o alvo.

Tal fato levanta a seguinte questão: *seria* toda a teoria dos "arquétipos" (conforme ele os chamou em 1919) uma simples projeção da necessidade de Jung de dar as costas à teoria sexual? Devemos admitir francamente que, em *Símbolos da Transformação,* o problema é discutido de forma tão superficial que nos sentimos tentados a responder "sim". Devemos nos recordar de que, em 1906, Jung ficara impressionado com a observação de um paciente esquizofrênico de que o Sol possuía um pênis ereto, que era a fonte do vento; quatro anos mais tarde, estudando a liturgia mitríaca, Jung encontrou referências de que a fonte do vento seria um tubo que desce do Sol. Examinando mais atentamente, tal afirmação é pouco convincente. Num país tropical, povos primitivos — que adoravam o Sol — poderiam muito bem possuir um mito de que o vento (que é quente) provém do Sol; se assim fosse, o vento deveria vir ou da "boca" do Sol — e o Sol obviamente não possui uma boca — ou de alguma espécie de tubo. Não existe aqui qualquer relação com um pênis ereto.

Os argumentos de Jung para a teoria mitológica também são pouco convincentes. Ele afirma que houve uma época, no mundo antigo, "em que a fantasia era uma verdade legítima". Cita um devaneio de uma criança que realmente acredita ser um príncipe disfarçado, e faz uma comparação com mitos antigos como Rômulo e Remo, Semíramis e Moisés nas corridas de búfalos. "Portanto, a fantasia escolhe. . . uma forma clássica, na qual, um dia, teve validade real." Analogamente, afirma, a fantasia de um ladrão entrando numa casa e cometendo estupro (uma fantasia presumivelmente feminina) pode ser comparada na mitologia com a história de Perséfone, Dejanira, Europa, entre outras.

Nossa reação de ceticismo com relação a tudo isto é compreensível. Estaria ele nos tentando dizer que quando uma criança devaneia ser um príncipe, o faz em resposta a algum arquétipo mitológico em sua mente inconsciente, ou que quando uma mulher devaneia estar sendo vítima de um estupro ela, de alguma forma, se inspira em mitos ancestrais de sedução? Isto é obviamente absurdo: a criança pode devanear ser um príncipe sem a ajuda de qualquer arquétipo mitológico. A fantasia não está "escolhendo uma forma clássica"; está escolhendo uma forma absolutamente natural. E o mesmo se aplica, com maior validade ainda, ao caso da fantasia de estupro, uma vez que o sexo é o mais poderoso dos impulsos naturais.

O que precisamos entender é que o frágil argumento não faz justiça à concepção básica de Jung. O que ele está tentando dizer, de fato, é que o homem é um animal *religioso* tanto quanto um animal sexual, e que as necessidades religiosas são tão poderosas e verdadeiras quanto as necessidades sexuais — na verdade, ainda mais, pois com freqüência elas podem reprimir as necessidades sexuais. Desta forma, quando mergulhamos no mundo do inconsciente, é possível que encontremos ali refletidas tanto as necessidades religiosas quanto as sexuais. Provavelmente encontraremos também outras necessidades básicas: ambição, por exemplo, a força motriz do herói. Assim, seria mais acertado dizer que a história de Rômulo e Remo, ou de Moisés nas corridas de búfalos, refletem o mesmo desejo manifestado na fantasia da criança que diz ser um príncipe, mais do que o contrário.

A esta altura de sua carreira, Jung ainda lutava para expressar certas percepções intuitivas, e estava longe de o fazer com o sucesso que obteve no final de sua vida. Tal fato pode ser claramente constatado na única obra importante que escreveu neste período: um ensaio intitulado "A Função Transcendente" — não publicado naquela época*. Por mais engraçado que seja isso, ele não explica o que entende por "função transcendente", embora periodicamente pareça estar prestes a defini-la. A mente inconsciente, diz ele, está freqüentemente em conflito com a mente consciente. E "a resposta está em eliminar a separação entre consciente e inconsciente" (um conceito que mais tarde ele chamou de "individuação"). A função transcendente parece ser um tipo de "desejo de cura" existente no paciente, que deve ser trazido à luz. Por exemplo: uma paciente solteira contou a Jung um sonho em que alguém lhe dava uma espada antiga, ricamente adornada, desencavada de um túmulo. Quando indagada a respeito de associações, disse a Jung que, certa vez, o punhal de seu pai havia reluzido à luz do Sol. Ele era um homem enérgico, decidido, que tinha muitos casos amorosos, e morreu quando ela ainda era jovem. Entretanto, embora ela tivesse um forte Complexo de Electra, imaginando uma série de fantasias sexuais com seu pai, sentia-se inclinada a se "identificar" com sua mãe. Assim, ao escolher homens, sentia-se atraída pelos fracos e neuróticos.

Ora, se Freud tivesse analisado este caso, obviamente teria visto a espada como um símbolo fálico, e concluído que a enfermidade da paciente era decorrente da repressão de seu impulso de incesto — daí sua preferência por homens fracos. Jung deu um importante passo à frente. Até aqui, a paciente havia sido fraca e neurótica. Através da

* Posteriormente publicado no Volume 8 de *Collected Works*, p. 67.

imagem da espada, seu inconsciente tentava-lhe dizer que ela também poderia ser forte e saudável, como seu pai. Resumindo: a interpretação de Jung oferecia-lhe uma *possibilidade de ação*. A espada representava seu desejo de cura — sua "função transcendente".

Em sua obra posterior, Jung sente-se inclinado a admitir que a "função transcendente" é a pulsão religiosa do homem, o desejo de evoluir para um estágio superior. Ele é capaz de aceitar a noção freudiana de que o inconsciente está repleto de "material infantil", pois reconhece que um de nossos problemas é a criança que ainda existe dentro de nós — algumas vezes mimada, outras vezes nervosa, miserável, com pena de si mesma, mas sempre, e essencialmente, *passiva*. A "função transcendente" é a parte do inconsciente que nos instiga a evoluir — em direção ao herói, ao santo ou ao sábio. Mas em 1916 Jung ainda estava buscando esta síntese; a conseqüência disto é que o leitor muitas vezes tem que adivinhar o que ele está tentando dizer.

Mas a principal conquista desses anos, conforme reconhece o próprio Jung, foi o reconhecimento da importância do símbolo da mandala. Ele escreve:

> Durante aqueles anos, entre 1918 e 1920, comecei a entender que o objetivo da evolução psíquica é o si-mesmo. Não existe uma evolução linear; existe apenas uma perambulação em torno do si-mesmo. A evolução uniforme existe, na melhor das hipóteses, apenas no começo; depois, tudo se volta para o centro. Este *insight* trouxe-me estabilidade e, pouco a pouco, restabeleci minha paz interior. Sabia que considerando a mandala como a expressão última do si-mesmo, alcançaria o que para mim era o objetivo último. Talvez alguma outra pessoa soubesse mais, eu não.

A afirmação de que o si-mesmo é como um círculo parece confusa, até que reconsideramos o símbolo básico do yin-yang do *I Ching* — um círculo dividido em duas metades: uma branca e outra preta. Jung o considerava como um símbolo da mente, dividido em consciente e inconsciente. Mas o que Jung quer dizer quando afirma que "a resposta obviamente consiste em eliminar a separação entre consciente e inconsciente"? Se nos remetermos a Thomson Jay Hudson, poderemos encontrar a resposta. Segundo Hudson, o gênio resulta da cooperação ideal entre as mentes objetiva e subjetiva; em um homem como Shakespeare, elas estão tão intimamente ligadas, que intuições da mente subjetiva são imediata e facilmente traduzidas para a linguagem da mente objetiva, enquanto a mente subjetiva, por sua vez, responde pronta e corretamente a demandas da mente objetiva. Não há uma "separação", como há nos intelectuais, ou nos neuróticos, cujas mentes objetiva e subjetiva estão sujeitas a seguir caminhos separados. É esta íntima cooperação entre os dois "si-mesmos", que Jung chama de "individuação".

Para Jung, pessoalmente, a individuação significava a capacidade de entregar-se à "mente subjetiva" — como nas fantasias que se tem quando se está acordado, às quais ele deu o nome de "imaginação ativa". Isso também pode ser observado no seu uso diário das mandalas — no campo de internamento — para obter *insights* de suas próprias "transformações psíquicas". De fato, ele aprendera como permitir a seu "outro si-mesmo" que assumisse a responsabilidade pela mão que segurava a pena, e se expressasse livremente em símbolos, a linguagem natural do cérebro direito.

O "confronto com o inconsciente" dera a Jung o que ele tanto precisava: uma alternativa criativa para a teoria sexual da neurose.

CAPÍTULO CINCO

A escrita invisível

Por volta de 1919, Jung não estava apenas completamente restabelecido; conseguira ganhar uma nova vitalidade e autoconfiança. Brome observa: "As pessoas que o conheciam lembram-se da firme convicção com que começou a falar do inconsciente coletivo, de *anima,* de si-mesmo, individuação." Durante a guerra, seus filhos ficaram impressionados com a figura distante e desligada do pai; agora, de um momento para outro, ele começara a brincar com eles e a levá-los para acampar. Jung tinha mais pacientes do que nunca. E, mais do que nunca, estava rodeado de mulheres que o adoravam. Parecia ter tanta força para atrair mulheres quanto outro contemporâneo notável, Gurdjieff, e pelos mesmos motivos. Uma mulher escreveu: "Ele dava a impressão de possuir grande força e poder de compreensão, e eu estava absolutamente impressionada com a idéia de ele ser capaz de ver através de mim, e até mesmo descobrir as fantasias sexuais que me atormentavam." E, como Gurdjieff, Jung não parece ter-se sentido inibido ao receber o elogio, e a reservar uma atenção especial a alguns membros escolhidos do harém. Uma de suas amantes disse a Brome: "Dê-lhe uma noite de verão, um lugar sossegado com vista para o lago, e ele dirá alguma coisa com sua voz profundamente ressonante, e olhará para uma mulher como se olhasse para uma jovem por quem acabara de se apaixonar num dia de primavera." Jung resistiu firmemente a todos os esforços de Toni Wolff no sentido de persuadi-lo a divorciar-se de Emma e desposá-la. Ela provavelmente não teria sido tão condescendente, para dar a ele a liberdade que Emma, finalmente, fora forçada a conceder. Além disso, Emma era uma esposa formidável e mãe exemplar, e Jung amava sua casa.

É provável que tenha sido para escapar das mulheres que Jung aceitou o convite de um empresário seu amigo para acompanhá-lo ao Norte da África. Chegou na Argélia em março de 1920, e prosseguiu sozinho para a Tunísia. Estas férias na África viriam a ser a mais importante experiência de sua vida. Ali ele estava em seu meio natural, rodeado por reminiscências da ocupação romana, das origens cristãs, da grandeza do passado dos árabes. Também estava convencido de que o solo cheirava ao sangue que ali fora derramado através dos séculos. Mesmo a homossexualidade visivelmente manifesta dos árabes lembrava-o de "um mundo infinitamente mais ingênuo de adolescentes que se preparavam, com a ajuda dos parcos conhecimentos do Alcorão, para emergir de seu estado original de consciência crepuscular". Tudo no Norte da África levava Jung a sentir que estava mais próximo da consciência crepuscular da humanidade.

A chave para o impacto causado pela viagem ao Norte da África está no seguinte comentário do próprio Jung: "Enquanto ainda estava envolvido por este sonho de uma existência estática, milenar, subitamente lembrei-me de meu relógio de bolso: o símbolo do tempo acelerado dos europeus." Este mundo atemporal do Norte da África, onde a pontualidade não significava mais uma virtude, aproximou-o daquele mundo de mito e do inconsciente, cuja existência ele apenas pressentira na Suíça, o país dos relógios. Uma das mais interessantes descobertas da fisiologia dos cérebros dissociados é que o cérebro direito não tem sentido de tempo; é o cérebro esquerdo que é obcecado por tempo. Os ocidentais, por natureza, exploram sobretudo o hemisfério cerebral esquerdo; os árabes, ao contrário, o hemisfério direito. Em seu livro *The Dance of Life** *(A Dança da Vida)*, o antropólogo Edward T. Hall descreve o sentido de tempo do homem ocidental como "monocromático", que significa "uma linha reta"; os árabes, os turcos e as tribos indígenas da América do Sul possuem um sentido de tempo "policromático"; para eles, o tempo é antes uma teia, que se ramifica em todas as direções. De fato, podemos experimentar essa noção de tempo enquanto "teia", quando relaxamos profundamente e esquecemos de todo o senso de urgência. Para um ocidental, porém, é difícil relaxar naturalmente; ele vive num estado de tensão permanente. Jung, com seu senso suíço de ordem e sua eficiência germânica, pensava com seu "lado esquerdo" mais do que qualquer outro. Assim, o contato prolongado com uma raça "policromática" trouxe-lhe uma profunda sensação de paz e harmonia.

Naturalmente, o problema dos que "pensam com o hemisfério direito" é a tendência a serem menos eficientes; T. E. Lawrence fez a seguinte observação a propósito dos árabes: "Suas determinações menos firmes esmoreciam antes das minhas." Jung ficou profundamente impressionado com uma cena que testemunhou próximo a um oásis, onde um proprietário de terras local havia contratado muitos nômades do deserto para cavarem valas de irrigação. Observou surpreso como cavavam freneticamente ao calor do Sol, enquanto outros marcavam o ritmo de trabalho com batidas num tambor; ao anoitecer, todos caíam exaustos ao lado de seus camelos, e dormiam até o romper do dia. Jung entendeu que o trabalho deles era ritualizado porque lhes faltava o desejo de imprimir um esforço individual intenso. Estas pessoas trabalhavam como um único organismo. Tal constatação fez com que ele reconhecesse que o homem ocidental apartara-se do resto da sociedade, e que isto provavelmente havia afetado toda a nossa concepção de psique. Nas palavras de Eliot: "Cada um de nós pensa na chave, cada qual

* 1983.

em sua prisão." Não obstante, a "prisão" pode ser uma condição artificial criada pelo estresse. Parecia ser uma descoberta intuitiva de Jung a de que existia um tipo diferente de consciência, ligando os seres humanos mais do que os separando.

De volta a Küsnacht, Jung começou seus experimentos com o *I Ching*. Isso significou a mais completa mudança de direção desde que decidira tornar-se um psicólogo, mais de vinte anos antes. A despeito de seu interesse pelo oculto, Jung permanecera basicamente um cientista cético no que se referia à tradição "mágica" antiga. Não obstante, "coincidências" — como a descoberta do martim-pescador morto em seu jardim enquanto retratava Filemon com a forma de um martim-pescador — aumentaram suas suspeitas intuitivas de que a psique não é governada pelas leis do acaso. A visão que tivera do mar de sangue, em 1913, parecia ser uma autêntica precognição do futuro — e nenhum critério científico invalida a possibilidade de a precognição se verificar. Jung testou o *I Ching* com um paciente: um jovem com um Complexo de Édipo, que pensava em desposar uma jovem obstinada. O *I Ching* respondeu: "A jovem é poderosa. Não se deveria desposar uma tal jovem." Ele perguntou a um filósofo chinês o que ele pensava do *I Ching,* e o filósofo (Hu Shih) menosprezou o livro, referindo-se a ele como um velho livro de magia. Posteriormente, porém, contou a Jung a história de um amigo envolvido em um infeliz caso amoroso, que certa vez foi a um templo taoísta para consultar o oráculo. "E ele estava certo?", perguntou Jung. "É claro", foi a resposta.

A aceitação de tais fatos poderia dar a impressão de que arrolamos Jung entre as pessoas que lêem seus horóscopos em jornais ou que se recusam a viajar numa sexta-feira 13. Obviamente Jung não está entre elas. Fato era que seu universo se transformava constantemente, estimulado por uma intuição cada vez mais forte de que a psique interage, de alguma forma misteriosa e desconhecida, com o mundo ao nosso redor. Tal sensação pode ser comparada à sensação vinda pelo homem primitivo, de que estaria rodeado por espíritos e deuses. Em Jung, porém, tal noção tomou a forma da intuição de que nós, de alguma forma, também temos *dentro de nós* espíritos e deuses, e de que há forças em nosso interior que, de alguma forma, podem ser colocadas em harmonia com as forças externas.

A força motriz que alimentava a pesquisa de Jung poderia ser definida como uma forma de romantismo; mas romantismo em sua acepção mais profunda, conforme definido numa observação feita por Arthur Koestler: "Em minha juventude, eu via o universo como um livro aberto, impresso na linguagem das equações físicas, ao passo que agora ele se me apresenta como um texto escrito em tinta invisível, da qual, em nossos raros momentos de graça, podemos decifrar um pequeno fragmento." Todos os românticos tiveram a intuição de que o enigma do universo está, de alguma forma, redigido com uma escrita invisível.

Ao mesmo tempo, é importante entender que Jung não era um especialista na decifração de "escritas invisíveis". Era um homem altamente intuitivo — e por isso era um bom clínico — cuja habilidade para traduzir *insights* em palavras não era das maiores. *Símbolos da Transformação* foi uma tentativa desajeitada de expressar esta sensação de que o secreto está redigido com uma escrita invisível, e possui algo da obscuridade de um texto gnóstico. E livro após livro sentimos que ele está antes tateando na direção de um *insight* do que perseguindo-o com firme determinação.

O exemplo mais evidente para ilustrar isto é o seu próximo trabalho importante: *Os Tipos Psicológicos,* publicado em 1921. O livro tornou-se a obra mais conhecida de Jung por introduzir os termos "introvertido" e "extrovertido"; entretanto, qualquer leitor familiarizado com a obra anterior de Jung deve tê-lo considerado como o sinal de uma completa mudança de direção. Ao invés de mitologia, simbolismo e inconsciente, o que se tem aqui é um sistema de classificação que parece ser um retrocesso à noção elizabetana de "humores".

Em sua autobiografia, Jung curiosamente nos diz pouco acerca da origem do livro, embora afirme que já em 1916 "se ocupava com os trabalhos preparatórios". A chave principal está no próprio livro — no capítulo quatro —, em que Jung discute as teorias de um certo dr. Furneaux Jordan, que em 1896 publicou um livro intitulado *Character as Seen in Body and Parentage (O Caráter Visto no Corpo e Suas Imediações)*. Jung observa que uma colega londrina, a dra. Constance Long, chamara sua atenção para o livro; sabe-se que Jung viajou a Londres para dar uma conferência, em julho de 1919. Portanto, tudo indica que foi nesta data que ele encontrou o livro.

Jordan foi o responsável pela criação dos conceitos de extrovertido e introvertido; o autor afirma que existem "duas tendências genéricas fundamentais no caráter", que poderiam ser chamadas de ativa e reflexiva. O capítulo que Jung escreveu a respeito de Jordan é, em sua maior parte, dedicado à crítica, e em passagem alguma ele reconhece sua dívida para com Jordan; por outro lado, Jung também não afirma em nenhum momento que inventou as classificações de extrovertido e introvertido antes de ler Jordan.

Um dos melhores resumos de *Os Tipos Psicológicos* é dado pelo próprio Jung, num ensaio intitulado "Abordando o Inconsciente" — a última coisa que escreveu. Nele, Jung diz:

> A extroversão e a introversão são apenas duas entre as muitas peculiaridades do comportamento humano. Entretanto, são freqüentemente mais óbvias e mais facilmente reconhecíveis. Ao se estudar os indivíduos extrovertidos, por exemplo, percebe-se logo que eles apresentam muitas diferenças entre si, e que, portanto, ser extrovertido é um critério demasiado superficial e genérico para ser de fato característico. Esta é a razão pela qual, há muitos anos, procurei encontrar outras peculiaridades básicas — peculiaridades que pudessem servir ao propósito de ordenar, ainda que não total-

mente, as variações aparentemente ilimitadas da individualidade humana.

Sempre me impressionei muito com a existência de um número surpreendente de indivíduos que nunca usam suas mentes, se podem evitar isto; da mesma forma, verifiquei que um número igual de indivíduos usam suas mentes, mas de uma forma surpreendentemente estúpida. Surpreendi-me também ao encontrar muitas pessoas inteligentes e vivas, que viveram (pelo menos até o ponto em que se podia perceber) como se nunca tivessem aprendido a usar seus órgãos de sentido: não viam as coisas diante de seus olhos, não ouviam as palavras que ecoavam em seus ouvidos, nem percebiam as coisas que apalpavam ou tocavam. Algumas chegaram mesmo a viver sem estar cientes do estado de seus próprios corpos.

Havia outros que pareciam viver em um estado de consciência dos mais curiosos: como se o estado a que tivessem chegado hoje fosse o último, e não oferecesse qualquer possibilidade de mudança, ou ainda como se o mundo e a psique fossem estáticos e assim permanecessem para sempre. Estas pessoas pareciam destituídas de toda e qualquer imaginação, e dependiam inteira e exclusivamente de sua percepção sensorial. Mudanças e possibilidades não existiam em seu mundo, e para o "hoje" não havia um real "amanhã". O futuro nada mais era do que uma repetição do passado.

O que tento fazer aqui é dar ao leitor uma visão geral de minhas primeiras impressões quando comecei a observar as diferentes pessoas que encontrei. Desde logo tornou-se evidente para mim que as pessoas que usavam suas mentes eram aquelas que *pensavam* — ou seja, as que faziam uso de suas faculdades intelectuais na tentativa de se adaptarem às pessoas e às circunstâncias. E as pessoas igualmente inteligentes, mas que não pensavam, eram aquelas que procuravam e encontravam seu próprio caminho através do *sentimento*.

É possível supor, então, que a descoberta de Jung do livro de Jordan produziu uma explosão intelectual, e que sua insatisfação com a tentativa posterior de Jordan de subdividir os dois tipos básicos — ativo e reflexivo — levou ao reconhecimento de que as categorias introvertido e extrovertido também podem ser subdivididas em quatro outras subcategorias: pensamento, sentimento, sensação e intuição. ("Sentimento" significa, aqui, apenas uma abordagem não-lingüística do problema, tal como ocorre quando dizemos: "Sinto que a solução mais fácil seria. . .") *Os Tipos Psicológicos* é uma tentativa de ilustrar os oito tipos ("o tipo introvertido-sentimento", "o tipo extrovertido-sentimento", etc.) usando personagens da história e da ficção. Na verdade, Jung logo percebe a necessidade de criar ainda outras subdivisões, até que o leitor começa a suspeitar de que ele está se perdendo.

Em resumo, embora *Os Tipos Psicológicos* soe como um afastamento radical das preocupações anteriores de Jung, o livro em si causa uma impressão totalmente diferente. Começa com uma externa comparação entre dois grandes Patriarcas da Igreja, Tertuliano e Orígenes — exemplos dos tipos introvertido-pensamento e extrovertido-pensamento. E logo se percebe — exatamente como em *Símbolos da Transformação* — que são muito mais do que meras ilustrações de uma tese: Jung os discute porque se sente perfeitamente à vontade no mundo da antiga Igreja Cristã. Quando Anatole France — de quem Jung fora certa vez um admirador — comenta a respeito da Igreja antiga, ele o faz numa atmosfera de ceticismo irônico, ridicularizando com sutileza os ascéticos que impingiam torturas a seus corpos, ao invés de gozarem os prazeres dos sentidos. Quando Jung fala da Igreja antiga, naturalmente sente que aqueles homens estavam preocupados com problemas importantes, esquecidos pelo mundo moderno; uma vez mais, o leitor moderno se impressiona com a semelhança com T.S. Eliot. E depois de discutir os problemas da transubstanciação, do nominalismo e do realismo, e a controvérsia entre Lutero e Zwinglio, Jung passa a falar de Schiller, Goethe, Nietzsche e do *Prometeu e Epimeteu*, de Carl Spitteler. É como se ele dissesse: Freud tentou reduzir a vida ao sexo e às repressões infantis, mas é *isto* o que realmente importa...

Resumindo, Jung ainda quer fazer suas afirmações mais importantes de forma indireta, e não direta; escreve mais de quatrocentas páginas para chegar à discussão dos tipos introvertido e extrovertido, no capítulo 10. Não obstante, o ponto principal surge de forma bastante evidente. O que todas estas pessoas têm em comum é que para elas, assim como para Jung, o mundo está cheio de "escritas invisíveis". Um elemento interessante sobre *Os Tipos Psicológicos* é que ele foi escrito em dois níveis: o de um ultrapassado manual de psicologia pré-freudiano, e o de uma "confissão de fé" profundamente pessoal. Foi o contraste mordaz entre estes dois níveis que, provavelmente, fez com que o livro se tornasse a obra mais famosa de Jung.

Uma paciente de Jung, a dra. Liliane Frey-Rohn, teceu mais tarde o seguinte e interessante comentário: "Ele usava uma grafia ilegível, de tipos pequenos, quando era o escritor científico e seco, crescendo para um estilo muito mais aberto à medida que ganhava confiança em suas teorias; posteriormente, dependendo da ocasião, usava uma bela e precisa escrita gótica, semelhante à de um manuscrito medieval." Neste sentido, *Os Tipos Psicológicos* ainda é escrito com uma grafia de tipos pequenos, ilegíveis. Entretanto, mesmo antes de o livro ser publicado, Jung estendia suas intuições para novos horizontes. Depois de seus primeiros experimentos com o *I Ching*, Jung leu a nova tradução e os comentários de Richard Wilhelm — um missionário cristão que estivera na China e se convertera totalmente à antiga cultura chinesa. Quando Wilhelm veio a Zurique, em 1922, os dois se encontraram e tornaram-se grandes amigos. Ao que tudo indica, passavam boa parte de seu tempo fazendo experimentos com o *I Ching*. Certa vez, o oráculo aconselhou Jung a não levar muito a sério o que aconteceria no dia seguinte; de fato, um velho amigo morreu num acidente de carro.

Foi também em 1922 que Jung comprou um terreno na margem do lago de Bollingen, nas proximidades de St. Meinrad; decidira construir uma casa primitiva, de formato circular, no estilo de uma cabana africana. Pensara fazer dela um local de retiro, uma espécie de mosteiro. Quando levou sua filha para conhecer o local, ela lhe disse que aquele era um lugar de cadáveres — uma observação que ele não levou a sério até o dia em que, iniciada a construção, encontraram um esqueleto e Jung descobriu que muitos soldados franceses haviam morrido naquelas imediações, em 1799, quando os austríacos explodiram uma ponte. Jung considerou esse fato como um indício de que sua filha havia herdado alguns dos poderes psíquicos da família.

Pouco antes da construção começar, Jung sonhou com um gigantesco cão de caça saindo de uma floresta primitiva; Jung sabia que o Caçador Selvagem ordenara a ele que levasse uma alma humana. Na manhã seguinte, Jung soube que sua mãe havia morrido durante a noite. Fora outro lampejo da "escrita invisível".

A "casa redonda" em Bollingen acabou se transformando numa torre de dois andares. Era uma construção primitiva, sem água corrente ou eletricidade; mas havia em Jung um elemento que ansiava pelo primitivo. Com o passar do tempo, a torre transformou-se numa casa relativamente grande, completa, com um aposento para Jung meditar. Entretanto, os motivos que o levaram a construí-la não estavam de todo associados ao ascetismo; ele e Toni Wolff freqüentemente passavam ali os fins de semana; Emma parecia ter-se habituado finalmente à idéia de que seu marido precisava de duas esposas e de numerosas amantes.

Para Jung, esse período — os primeiros anos da década de 20 — foi uma época de busca espiritual. Ele já havia abandonado as idéias de *Os Tipos Psicológicos* quando o livro foi publicado; mas as idéias que deveriam substituí-las estavam ainda em estado caótico. O único livro que surgiu a partir deste período, *Psicologia do Inconsciente* (publicado em 1926), é, em sua essência, um breve sumário, uma visão retrospectiva do caminho já percorrido, iniciando com um comentário sobre Freud e a psicanálise, prosseguindo com uma exposição da "ânsia pelo poder", de Adler, e terminando com um comentário acerca de seus próprios tipos psicológicos e do inconsciente coletivo. No que diz respeito aos arquétipos, Jung é tão pouco convincente quanto o fora em 1912. Como exemplo, cita a descoberta de Robert Mayer da lei da conservação de energia, e menciona diversos paralelos encontrados no Budismo e na religião da Polinésia, que o levaram a afirmar que "esta noção tem estado gravada no cérebro humano desde sempre". Diante de tal afirmação, um cético poderia dizer que um argumento semelhante poderia ser usado para provar que a bicicleta e o veículo automotor se originaram da carruagem do sol da mitologia grega e do carro de Jagrená, dos hindus.

A solução de Jung para este estado de suspensão intelectual foi a tentativa de aprofundar os *insights* que teve através do contato com o Norte da África — particularmente a redução do ritmo do tempo. Se em 1924 já existisse a fisiologia dos cérebros isolados, Jung talvez tivesse percebido que explorava a consciência "atemporal" do cérebro direito. De certo modo, Jung aproveitou a oportunidade de uma viagem aos Estados Unidos — onde faria uma conferência — para, em 1924, visitar os índios Pueblo, no México. Com a viagem ao Norte da África, ficara ciente do quanto sua consciência estava condicionada pela civilização européia. Jung esteve entre os índios Taos mais ou menos na mesma época em que ali também esteve D. H. Lawrence, e parece ter chegado a conclusões bastante semelhantes às de Lawrence. Citando as palavras do chefe dos Taos: "Veja como é cruel o olhar dos brancos. . . Seus olhos têm uma expressão fixa: eles estão sempre à procura de alguma coisa. O que eles procuram?" Jung perguntou por que ele achava que todos os brancos eram loucos, e recebeu a seguinte resposta: "Eles dizem que pensam com suas cabeças." Jung perguntou com o que os índios pensavam. "Com nossos corações."

Jung ficou impressionado com a convicção dos índios de que certos rituais podiam influenciar o Sol. Ele observa que se tratava, basicamente, da mesma noção cristã de que a prece pode influenciar Deus. Ele ainda tentava completar a formulação do *insight* de que certas energias dentro do homem podem entrar em harmonia com o mundo exterior, produzindo sinais estranhos e sincronicidades.

No México, experimentou uma outra explosão de "imaginação ativa". Jung teve a sensação de que uma "névoa amorfa" se desprendia de dentro dele e se concretizava em fantasias de legiões romanas destruindo cidades na França, Sto. Agostinho convertendo os ingleses, Carlos Magno convertendo pagãos sob a ameaça de morte, cruzados queimando e pilhando cidades, e, finalmente, conquistadores espanhóis atacando os astecas com massacres, fogo e torturas. Trata-se, obviamente, dos tipos de fantasia que um historiador desejaria ter; mas o inconsciente extremamente ativo de Jung tornava tudo isto realidade. Arnold Toynbee descreveu certa vez como o seu *Estudo de História* gerou uma visão semelhante de Esparta; para Toynbee, porém, tratava-se apenas de um súbito e arrebatador senso da *realidade* do passado. A mente inconsciente de Jung mostrava-lhe como transformar aquela realidade em visões reais.

Isto nos permite entender o ponto crucial de toda a obra de Jung. Ele nos faz cientes de que o problema real da mente humana não são suas neuroses e psicoses, mas sua simples *debilidade.* A violência das legiões romanas, bem como a crueldade dos conquistadores espanhóis, eram algo que *realmente havia acontecido.* Entretanto, é praticamente impossível para a mente humana *entender* que aquilo aconteceu; comparados com o presente momento, estes fatos permanecem irreais, uma espécie de conto de fadas. *Isto* é o que está errado na consciência humana: estamos presos na armadilha do presente. Potencialmente, nossas mentes podem evocar outros tempos e outros lugares —

isto acontece freqüentemente quando um certo aroma, uma certa melodia antiga, uma certa impressão sensorial traz de volta a realidade do passado de maneira tão vívida, que sentimos vontade de chorar. Mas não podemos fazer isto por livre e espontânea vontade; a consciência parece ser tão frágil quanto a preensão de um bebê. A neurose se deve a esta debilidade: a incapacidade da mente para eliminar pequenas preocupações. Quando Jung discute o tipo extrovertido-sensação — o homem que parece sentir que o presente é a única realidade — fala, na verdade, de todos os seres humanos.

A evolução humana tem sido a longa e vagarosa tentativa do homem de desenvolver o poder da mente, de fortalecer sua "preensão" mental, de forma a poder *escolher* suas realidades, ao invés de ter que engolir o que o momento presente escolhe e impõe a ele. E embora Jung não fosse um filósofo — qualquer um que leia suas obras completas perceberá que ele perde muito tempo andando em círculos —, reconheceu o problema básico instintivamente. Jung rejeitou Freud porque a psicologia essencialmente passiva de Freud deixava a mente humana presa ao presente, sem qualquer esperança de libertação. Jung possuía um sentido obscuro, mas extremamente poderoso, de que a mente precisa aprender a tornar-se ativa, para ser capaz de transformar a realidade cotidiana.

Não é possível entender a evolução de Jung em meados dos anos 20, a menos que se saiba que ele estava nas garras de um demônio que lhe sussurrava ao ouvido que *tinha* de haver uma solução para esse problema. A teoria sexual de Freud, a teoria da ânsia pelo poder, de Adler, não ofereciam qualquer resposta. Tampouco, e infelizmente, a teoria mitológica de Jung. Tratava-se de um passo na direção certa; nada mais do que isto.

Tal fato explica por que Jung viajou novamente — desta vez à África —, tão logo retornou a Zurique. Nessa época, a teoria de Dart e Leakey, segundo a qual o homem se origina da África, ainda não existia; esta surgiria apenas cerca de uma década mais tarde. Entretanto, é possível que Jung o soubesse por uma espécie de segunda visão. Ele se recorda de que, quando visitava uma reserva de caça em Nairóbi, e fitava o horizonte distante onde corriam zebras, subitamente sentiu que "aquela era a quietude do eterno começo".

Outro reconhecimento semelhante ocorreu quando um homem branco já idoso lhe disse: "Este não é o país do homem; é o país de Deus. Assim, se alguma coisa acontecer, sente-se e não se preocupe." Jung comenta: "Suas palavras me impressionaram por serem, de alguma forma, significativas... Evidentemente, representavam a quintessência de sua experiência; aqui, o comando estava nas mãos de Deus, não do homem — em outras palavras, nem desejo, nem intenção, mas o desígnio inescrutável".

Desígnio inescrutável. Isto era o que Jung buscava na África. Era o que estivera buscando durante toda a sua vida: a sensação de que existe um *significado* fora de nós e à nossa volta: escrita invisível. Aqui Jung podia senti-lo. "Eu gozava da 'paz divina' de um país ainda primitivo... Milhares de quilômetros me separavam da Europa, mãe de todos os demônios. Aqui eles não podiam me alcançar — não havia telegramas, nem telefonemas, nem cartas, nem visitas. As forças libertas de minha psique extravasavam-se ditosamente de volta à vastidão primitiva." E a noção que se seguiu à experiência na África foi a de que "dentro da alma, desde seus primórdios, sempre houve um desejo de ver a luz e uma irreprimível necessidade de emergir das trevas primárias". Sua visão da África parece ter sido bastante próxima daquela descrita por Conrad em *Heart of Darkness (O Coração das Trevas):* "Na realidade, uma escuridão completamente diferente da noite natural paira sobre a Terra. A noite psíquica primordial é a mesma, hoje, que tem sido por milhares e milhares de anos. Ansiar pela luz é o ansiar pela consciência".

Mas a África não trouxe a solução para seu problema. O problema era que seu trabalho estava marcando passo

— conforme se podia observar com clareza quando a *Psicologia do Inconsciente* foi publicada, em 1926. O que ele buscara na África era aquela sensação de que existe um mundo invisível ao nosso redor. A sensação primitiva de que ele estava rodeado de espíritos. Na Europa, a atividade do *poltergeist* é considerada como uma manifestação inexplicável do inconsciente; na África, é considerada como uma manifestação visível de espíritos invisíveis. Num certo sentido, um africano dificilmente ficaria surpreso ao ver um objeto flutuando através de um quarto; isto simplesmente confirmaria o que para ele já é uma verdade.

Mas o que Jung queria era mais do que um retorno a esta visão primitiva do mundo. Ele pesquisava no sentido da intuição de que pode haver uma frutífera harmonia entre a mente e as forças do universo. Nas culturas antigas, esta tradição é conhecida como magia, e o pensamento de Jung tornava-se cada vez mais "mágico". Não obstante, ele não se preocupava com a magia ritual ou cerimonial — como W.B. Yeats o fizera; preocupava-se com a magia "natural" do inconsciente: a "magia" que, por exemplo, produz as sincronicidades. De certo modo, a viagem à África fora antes um beco sem saída do que o início de um caminho auspicioso.

Jung chegara a um impasse em outro aspecto. Em *Os Tipos Psicológicos* fica patente que a atenção de Jung se concentrava nos Patriarcas da Igreja e nos gnósticos, com sua estranha filosofia da criação. Naturalmente, Jung sentia que sua psicologia precisava de uma dimensão extra, e esperava encontrá-la nestas fontes. Por volta de 1926, quando retornou da África, esta esperança havia desaparecido. "Tanto quanto eu podia entender, a tradição que deveria ligar a gnose ao presente parecia ter sido interrompida, e por muito tempo foi impossível encontrar uma ponte que levasse do gnosticismo — ou neoplatonismo — ao mundo contemporâneo." Mas Jung continuava a sentir, e com grande intensidade, que era preciso encontrar esta ponte. E, em 1928, um fragmento da solução foi proporcionado por seu amigo

Richard Wilhelm, que lhe enviou a tradução de um livro místico chinês intitulado *O Segredo da Flor de Ouro.* De fato, a obra é uma curiosa combinação de misticismo oriental e alquimia, simbolizando no Elixir da Vida o objetivo da meditação. Jung imediatamente sentiu-se impelido a achar que o livro continha o símbolo da mandala. Entusiasmou-o ainda mais a descoberta de que a alma é simbolizada por um demônio nebuloso, masculino, e um espírito branco, feminino, ligado à Terra; ele os via como símbolos de *animus* e *anima* — os conceitos que criara para a alma masculina que habita as mulheres e para a alma feminina que habita os homens. (Brome cita as palavras de H.G. Wells, depois de um encontro com Jung: "Sempre soube que tinha uma linda jovem querendo sair de dentro de mim.") Mas talvez a noção mais excitante fosse a de que o objetivo desta alquimia espiritual era produzir um "corpo etéreo", conhecido como o "corpo de diamante" — que corresponde muito de perto ao conceito junguiano de si-mesmo *(self).* Uma passagem se inicia assim:

> Se fechardes o corpo de diamantes sem deixar nenhum orifício,
>
> Aquecei zelosamente as raízes da consciência e da vida.
>
> Derramai luz no espaço próximo,
>
> E ali, oculto, deixai vosso verdadeiro ser [*self*] habitar para sempre.

A frase "sem deixar nenhum orifício" era obviamente de vital importância, pois o problema dos neuróticos — na verdade, dos seres humanos em geral — é uma espécie de *vazamento* de energia, devido ao medo, à ansiedade, à negatividade geral.

Esta era a razão pela qual o gnosticismo e a antiga cristandade tinham sempre interessado tanto a Jung. Para Freud, existiam apenas pessoas doentes e pessoas "normais", que são como todas as outras. Mas Jung estava muito mais interessado em pessoas *supranormais*, em homens como Sto. Agostinho, Goethe e Nietzsche — em santos e super-homens. De um certo modo, porém, estas pessoas dificilmente se encaixam num modelo genérico da mente humana — ou seja, nos moldes da psicologia profunda. O que Jung queria era uma ligação entre o mundo do gnosticismo e o mundo da psicologia profunda. *O Segredo da Flor de Ouro* sugeria que ele talvez o tivesse encontrado — na alquimia.

Jung pediu a um livreiro de Munique que descobrisse para ele alguns livros de alquimia. Lembrou-se também que Herbert Silberer, um amigo da época de Viena, escrevera, em 1917, um livro sobre alquimia chamado *Problems of Mysticism and Its Symbolism (Os Problemas do Misticismo e de Sua Simbologia)*. Silberer, como Jung, também colocara todo seu empenho em expandir as rígidas categorias freudianas, pois sentia que a experiência mística não se reduzia simplesmente à sublimação da sexualidade. O livro tinha um forte sabor junguiano, e foi isso, sem dúvida, que alarmou Freud, ao ponto de fazê-lo romper com Silberer. Silberer entrou em depressão e em 1923 suicidou-se, enforcando-se na travessa da janela, e deixando um archote ardente iluminando seu rosto para que sua mulher o visse quando chegasse. (Freud parecia ter um estranho poder de induzir "hereges" ao suicídio; em 1919, Viktor Tausk — outro freudiano que ousara desenvolver suas próprias idéias — suicidou-se, enquanto em 1927, o brilhante novato Wilhelm Reich sofreu uma crise nervosa, depois que Freud rompeu com ele.) Depois de ler *Problems of Mysticism*, Jung escreveu a Silberer uma carta afetuosa, elogiando-o; entretanto, o livro não lhe despertara o interesse pela alquimia ocidental, em parte porque Silberer concentrara-se em textos mais recentes de alquimia, de autores como Hollandus e Philalethes, que eram mais obscuros que os autores mais antigos.

O livreiro de Munique encontrou para Jung um compêndio intitulado *Artis Auriferae* (1593), que continha um certo número de clássicos da alquimia: mas Jung achou-os incompreensíveis e, desgostoso, colocou-os de lado. Dois anos mais tarde, retomou-os novamente, e começou a elaborar um glossário dos termos básicos da alquimia. Ao descobrir que os alquimistas falavam através de símbolos, ficou ainda mais fascinado pelo assunto. O problema começou a se tornar uma obsessão. "Eu trabalhava com linhas filológicas, como se tentasse decifrar o enigma de uma língua desconhecida. Desta forma, o meio de expressão da alquimia começou, pouco a pouco, a revelar seu significado. Foi uma tarefa que me ocupou por mais de uma década."

Qualquer um que tenha perdido cinco minutos tentando ler um texto de alquimia certamente considerará a obsessão de Jung frustrante e um tanto teimosa. Segundo os alquimistas, a Obra começa ao se encontrar uma substância chamada *prima materia* (que alguns acreditam ser o sal, outros o mercúrio e outros a terra ou até mesmo a água). Esta deve ser reduzida a pó, misturada com um "fogo secreto" e aquecida num recipiente fechado. Esta *prima materia* contém dois elementos, um masculino e o outro feminino, chamados de sol e lua, ou enxofre e mercúrio. No recipiente fechado, estes elementos tornam-se negros e apodrecem: um processo conhecido como "nigredo". A seguir, a massa começa a apresentar manchas brancas, até tornar-se branca — um processo conhecido como "albedo". Então, ela se volatiza e torna a se cristalizar em uma pedra branca. Nesta pedra, os elementos masculino e feminino estão unidos numa *"mysterium coniunctionis"*, ou combinação, e é capaz de efetuar curas. No estágio seguinte do processo, a pedra branca é colocada em "mercúrio", e tem lugar um obscuro processo conhecido como "exaltação". Após ter sido dissolvida em ácido, a pedra torna-se verde — estágio conhecido como leão verde —, e finalmente torna-se vermelha. Esta é a Pedra Filosofal, capaz de transformar metais pouco valiosos em ouro, e que também é o Elixir da Vida.

A explicação mais óbvia para tudo isto é que a química, enquanto ciência, existe há menos de duzentos anos. Suas figuras exponenciais — Priestley, Cavendish, Lavoisier, Dalton — fizeram seus experimentos no final do séc. XVIII. Dalton anunciou sua teoria atômica em 1803. Assim sendo, podemos colocar de lado a discussão acerca de se fabricar ouro a partir de outras substâncias, pois trata-se de um problema de simples ignorância — os alquimistas não sabiam que o ouro é um elemento e que, portanto, não pode ser "fabricado".

Mas esta explicação não conseguiu satisfazer muitas mentes sensíveis. Na década de 1840, uma jovem brilhante chamada Mary Anne South (mais tarde Mrs. Attwood) estudava hipnose, e se convenceu de que os gregos usaram estados hipnóticos em seus Mistérios. Em 1850, ela escreveu um livro sobre alquimia: *A Suggestive Enquiry into the Hermetic Mystery (Uma Inquirição Sugestiva ao Mistério Hermético).* O livro sugeria que a própria alquimia era uma forma codificada da misteriosa religião dos antigos. Quando seu pai leu o livro, ficou tão chocado ao pensar que ela estava revelando segredos proibidos à populaça, que comprou todas as cópias disponíveis e as queimou. W. Wynn Wescott, um dos membros fundadores da Ordem da Aurora Dourada —a sociedade mágica da qual Yeats era membro — escreveu um pequeno livro intitulado *The Science of Alchymy (A Ciência da Alquimia),* no qual afirma que todo o simbolismo alquímico é ininteligível, e que a alquimia é basicamente uma religião esotérica.

Assim, a "descoberta" de Jung sobre a alquimia era, num certo sentido, uma redescoberta das idéias de Mrs. Attwood e de Wynn Wescott. Jung acreditava que a alquimia versava sobre a transmutação da mente e a descoberta do si-mesmo. Como não podia deixar de ser, ele via os elementos masculino e feminino da *prima materia* — o rei e a rainha da alquimia — como *animus* e *anima*; isto parecia indicar que a alquimia versava sobre os processos psicológicos.

A teoria de Jung pode ser assim resumida: o alquimista via a Obra com tal seriedade que, inconscientemente, "projetava" nela seus próprios desejos e obsessões. "Enquanto trabalhava em seus experimentos químicos, o operador (alquimista) tinha certas experiências psíquicas que lhe pareciam ser inerentes ao comportamento específico do processo químico. Uma vez que se tratava de um problema de projeção, ele naturalmente não tinha consciência de que o experimento nada tinha a ver com aquilo..." Em outras palavras: o alquimista "via" coisas nos processos, assim como podemos ver rostos no fogo. Jung cita um certo número de exemplos que sugerem uma decepção inconsciente em relação a si próprio. Um alquimista recomenda que se apanhe água da chuva e se deixe pingar ali dentro, gota a gota, vinho tinto consagrado; o resultado, diz ele, será a visão da criação, tal como descrita no Gênesis: primeiramente uma espécie de névoa, então o aparecimento da luz, etc. Um outro descreve um processo segundo o qual sete símbolos astrológicos em metal branco, quando aquecidos em um cadinho com um pouco de Pedra Filosofal, produzem uma chama de fogo que invade todo o aposento, fazendo surgir, acima, o firmamento estrelado. Outro diz que durante a Grande Obra, "uma maravilhosa variedade de figuras" — formas de animais, répteis e árvores — pode ser vista no cadinho.

O que realmente ocorre, diz Jung, é que o alquimista faz uso inconsciente de sua imaginação ativa, criando, assim, visões e alucinações que invadem seu laboratório; é como se ele sonhasse acordado.

Os leitores de *Psicologia e Alquimia* devem ter achado isso tudo bastante confuso e pouco convincente. Somente a publicação póstuma de sua autobiografia tornou evidente o modo como Jung chegou a esta teoria, e o fato de que ele acreditava que os alquimistas haviam passado por um processo análogo ao seu "confronto com o inconsciente". Ele comenta, por exemplo: "Certa noite acordei e vi — banhada por intensa luz, aos pés da minha cama — a figura de Cristo na Cruz. Não era exatamente em tamanho natural, mas perfeitamente identificável; e vi que Seu corpo era feito de ouro esverdeado. A visão era extremamente bela, e não obstante me abalara profundamente. Uma visão como esta nada tem de incomum para mim, pois freqüentemente tenho visões hipnagógicas extremamente vívidas."

Assim, segundo Jung, os textos alquímicos, com seus leões verdes, dragões vermelhos e firmamentos estrelados, são, de fato, descrições de visões hipnagógicas (visões que se tem entre o sono e a vigília), que o alquimista acreditava serem parte do progresso químico.

Para Jung, a pergunta seguinte era: *a que se referiam* tais visões? A resposta é: à religião. "Por natureza, a alma possui uma função religiosa", afirma ele em *Psicologia e Alquimia.* O homem ocidental tornou-se espiritualmente pobre devido à sua civilização racionalista e materialista, e o cristianismo, com sua tendência ao dogmatismo, só piorou as coisas. Assim, a "função religiosa" do inconsciente encontrou sua expressão — através de símbolos, evidentemente — na alquimia. Aniela Jaffé afirma: "A alquimia, desta forma, mantinha uma relação compensatória com o mundo do inconsciente e com o cristianismo, como a do sonho com o estado consciente do sonhador."

Isso significava, de fato, que Jung podia considerar a alquimia como um longo e complicado sonho, e aplicar sua habilidade na interpretação de sonhos. Acreditava que a alquimia era basicamente uma questão de "salvação" — ou de individuação, como preferia chamá-la. Ela reflete a cristandade numa espécie de espelho deformador, mas suas imagens emergem de uma parte ainda mais profunda da psique. (Para Jung, o inconsciente coletivo é mais profundo do que o inconsciente individual, e possui profundezas que jamais podem ser exploradas.) Ao invés da Trindade dos cristãos, existe uma quaternidade — freqüentemente refletida nos símbolos da mandala, divididos em quatro partes. A primeira tarefa da educação, diz Jung, consiste em transferir o arquétipo da imagem de Deus para a mente consciente. E a "função religiosa" da alma dos alquimistas tentava fazer exatamente isto. "Os arquétipos do inconsciente podem ser demonstrados empiricamente como sendo os equivalentes dos dogmas religiosos"; assim, sua tentativa de interpretar o "sonho" da alquimia transformou-se numa tentativa de explorar as profundezas do inconsciente coletivo.

A busca do significado do sonho alquímico ocupou Jung em dois grandes livros: *Psicologia e Alquimia* e *Mysterium Coniunctionis,* sendo este o último livro que escreveu até o fim. Estes dois livros estão entre as obras mais importantes e fascinantes de Jung. Não obstante, levantam de maneira ainda mais perspicaz a questão apresentada em *Símbolos da Transformação* e em *Os Tipos Psicológicos:* até que ponto podem ser considerados uma avaliação objetiva do assunto e até que ponto não se trata simplesmente de um reflexo da tendência incorrigível do próprio Jung para mitificar as coisas e construir labirintos intelectuais? Num ensaio intitulado "Sobre a Natureza da Psique", Jung admite que "uma vez admitido [o inconsciente], está-se à mercê de toda a sorte de hipóteses concernentes a esta vida inconsciente, hipóteses que não podem ser controladas por qualquer observação". E esta afirmação atinge o cerne do problema. Ao afirmar que o inconsciente "escolhe" um certo tipo de mito, preferindo-o a outro tipo, e ao explicar que "o arquétipo filho não evoca das profundezas do inconsciente 'ctônico' uma filha como imagem complementar, mas sim um outro filho", até mesmo o leitor mais condescendente se sentirá inclinado a acreditar que Jung poderia evocar razões para qualquer coisa que desejasse afirmar. Basicamente, Jung ainda é um freudiano: ou seja, ele se nos apresenta como o intérprete da mente inconsciente, trajando sua capa de mágico e seu chapéu cuniforme, e espera que o leitor o escute respeitosamente e balance a cabeça em sinal de concordância. E às vezes o freudianismo acha-se mais próximo da superfície, à medida que Jung explica que o rei e a rainha deram-se a mão *esquerda* porque sua união é incestuosa, e "o incesto simboliza a união com seu próprio ser; significa individuação ou transformação no si-mesmo".

Passagens como esta tendem a concretizar no leitor a suspeita de que Jung está refletindo sobre suas próprias obsessões e preocupações, mais do que sobre as do alquimista medieval, cujo estado de evolução intelectual está bem distante daquele de um psicólogo freudiano moderno.

Pelo menos um admirador moderno da doutrina junguiana da alquimia chegou a rejeitá-la *in totum* mais tarde. Francis Israel Regardie, que fora membro da Ordem da Aurora Dourada, estava estudando tratados de alquimia durante um período de enfermidade em 1936, quando se deparou com o comentário de Jung acerca da *Flor de Ouro* e convenceu-se de que ali estava a resposta para o mistério. O resultado foi um livro extraordinário, intitulado *A Pedra Filosofal.* Mas ao contrário de Jung, Regardie conhecia profundamente a tradição mágica — durante algum tempo havia sido secretário de Aleister Crowley, além de sentir-se inclinado a aceitar a teoria de Mrs. Attwood de que o alquimista era capaz de se apossar de "poderes demiúrgicos", quando em estado de transe. Jung, embora versado em astrologia e alquimia, nunca prestara muita atenção à magia. Entretanto, a maioria dos grandes cientistas da Baixa Idade Média — Cornelius Agrippa e Paracelso, por exemplo — eram, ao mesmo tempo, "mágicos" e alquimistas. E os mágicos acreditavam que as operações mágicas eram realizadas com a ajuda de espíritos. Jung acreditava efetivamente em "espíritos" — como pudemos ver —, mas seu racionalismo inato não lhe permitia entender a magia em termos de seus próprios pressupostos. O livro de Regardie alerta o leitor para a ausência de toda uma dimensão na compreensão de Jung sobre a alquimia.

Curiosamente, Regardie veio a rejeitar mais tarde até mesmo o junguianismo modificado de *A Pedra Filosofal.* Em Salt Lake City, encontrou um alquimista moderno, Albert Riedel, e testemunhou experimentos que não lhe deixaram dúvidas de que a alquimia é um processo químico, e não psicoespiritual, e que quando Basil Valentinus diz ao alquimista para pegar um pouco de antimônio, reduzi-lo a pó e colocá-lo numa retorta, ele quer dizer exatamente isto. Em *Mysterium Coniunctionis*, Jung subestima uma das descrições alquímicas de Gerhard Dorn, taxando-a de "fantasia química de arrepiar os cabelos"; com isto, coloca-se novamente a questão que inicialmente se propusera a responder: *por que* as descrições dos alquimistas são tão bizarras e aparentemente absurdas?

O julgamento mais seguro acerca das obras de Jung que versam sobre a alquimia é que elas nos fornecem muitas informações a respeito de Jung e de suas idéias básicas; a questão de se saber o quanto elas nos dizem a respeito da alquimia deve permanecer em aberto.

CAPÍTULO SEIS

O sábio de Küsnacht

A década de 30 representou para Jung um período de afirmação altamente satisfatório. Tornara-se tão conhecido quanto Freud. (Quando esteve na sala de leitura do Museu Britânico, e disse o seu nome, o funcionário perguntou: "Não seria Freud, Jung e Adler?", ao que ele respondeu: "Não, apenas Jung.") Tornara-se um dos cidadãos mais respeitados de Zurique, tão conhecido naquela cidade quanto seu avô o fora na Basiléia. Vivia cercado por discípulos que o admiravam (em Zurique, as seguidoras de Jung eram conhecidas como *Jungfrauen*), e recebia visitas e pacientes de todo o mundo. Uma de suas admiradoras, a sra. Olga Froebe-Kapteyn, havia construído uma sala de conferências nos espaçosos jardins de sua Villa — a Casa Eranos —, às margens do lago Maggiore, e a partir de 1935 passou a organizar conferências anuais, para as quais convidava renomados mestres e eruditos; Jung tornou-se a figura central destas conferências e virtualmente tinha ali sua corte. Em 1933, foi nomeado Presidente da International Medical Society for Psychotherapy; em 1935, retomou suas atividades de conferencista acadêmico e foi nomeado Professor Doutor. Neste mesmo ano, Jung deu uma série de conferências, que fizeram muito sucesso, na Tavistock Clinic, em Londres — sua enorme vitalidade e seu jeito informal fizeram dele um conferencista carismático; em seguida, foi a Harvard; em 1937, voltou novamente a Harvard. A convite do governo inglês, viajou à Índia, em 1938, e ficou absolutamente fascinado por seus mistérios, tanto quanto ficara quando viajou à África.

Mais importante do que tudo isto, porém, era que suas idéias evoluíam constantemente; sua "psicologia analítica" se tornava amplamente aceita — ou, pelo menos, amplamente conhecida — como uma alternativa para a psicanálise. E com a descoberta da alquimia, Jung anexara novos e vastos terrenos intelectuais, o que lhe propiciava um fértil campo de pesquisa para o resto da vida. Sua crença de que o "misterioso casamento" dos alquimistas era apenas uma outra denominação para a individuação — a união do consciente com o inconsciente — parecia ser um dos *insights* mais fascinantes desde a descoberta por Freud da teoria sexual, na década de 1890. Cada vez mais ele se convencia de que a "função religiosa" é tão natural e importante ao homem quanto a função sexual; sua teoria dos arquétipos parecia criar uma ponte inabalável entre a religião e a psicologia. Os arquétipos eram definidos como os padrões básicos do inconsciente coletivo, da mesma forma como os instintos são uma forma inata de ação; Jung continuava a encontrar evidências para eles em todas as religiões do mundo. Seus admiradores achavam que ele estava criando uma das mais ousadas e abrangentes sínteses intelectuais jamais conhecidas na história mundial; e a despeito de uma certa modéstia aparente, Jung também estava plenamente convencido disto.

É preciso reconhecer que havia um aspecto negativo no caráter de Jung. Embora seu reconhecimento crescesse paulatinamente, ele achava que suas idéias não estavam sendo devidamente aceitas, e se irritava com isto. Quando um ensaio que escreveu sobre o *Ulisses*, de Joyce, foi rejeitado por ser demasiado hostil, Jung, num primeiro momento, insistiu em sua publicação, evidentemente ofendido pelo fato de ter sido rejeitado. Quando um estudante lhe enviou uma crítica que questionava sua atitude científica, Jung respondeu pomposamente: "Supondo que minha atitude realmente apresente estas falhas, tão facilmente reconhecíveis, como o senhor explica o fato de eu reunir pelo menos sete títulos de Doutor?... Se o senhor me permite, sou membro honorário da Academia Alemã de Médicos e Cientistas, membro da Sociedade Real..."; e continua, enumerando suas "qualificações". Em 1944, ao saber que uma reedição revista de *Psicologia e Alquimia* fora abreviada, Jung, amargurado, teceu o seguinte comentário: "Isto me faz lembrar, uma vez mais, que eu talvez tenha mesmo de ser apresentado a meus contemporâneos como um passageiro de terceira classe..." Quando zangado, tinha um temperamento explosivo, e gostava de criticar e resmungar. Jung tinha muitos traços do que Freud chamava de "erótico anal" — era obsessivamente pontual, ordeiro e formal. Aniella Jaffé, mais tarde sua secretária, observa: "Cada erro da datilografia era repreensiva e copiosamente comentado." Um erro era o suficiente para que ele resmungasse o resto do dia. Tudo isto indica, inequivocamente, que este sábio que falava de individuação e profundas experiências religiosas não possuía, de forma alguma, uma personalidade íntegra. Como uma criança mimada a quem sempre se abriram muitas exceções, era vítima de suas próprias emoções negativas. Ao final de sua vida, Jung admitiria: "Quanto mais envelheço, [acho que] menos eu me entendo, me conheço ou sei de mim." Exemplo disso são alguns comentários que ele fez sobre Kierkegaard, numa carta de 1943: "Para tais pessoas (preconceituosas) seus problemas e seus cabelos grisalhos são perfeitamente aceitáveis, porque para elas servem ao mesmo propósito que serviram para ele: você pode colocar tudo no papel e não precisa fazer nada daquilo na vida real. Lá fora as coisas podem tornar-se desagradáveis." Jung parecia não ter a menor consciência de que também era propenso a "colocar as coisas no papel" e a não fazer nenhuma tentativa real de autodisciplina.

Tudo isto ajuda a explicar por que Jung entrou em depressão quando começou a Segunda Guerra Mundial. Ele se habituara à vida agitada de um homem importante; agora, de um momento para o outro, quase não havia carros nas ruas de Zurique, a comida era racionada, e Jung estava isolado, o que lhe dava a sensação de ter-se aposentado prematuramente. Sua atitude com relação ao mundo moderno tornava-se cada vez mais negativa; ele odiava a arte, a música, a literatura e a política deste mundo. Em uma carta, escreveu melancolicamente: "Por que será, meu Deus, que as pessoas são incapazes de crescer? O Senhor deste mundo é certamente o Diabo." Um contemporâneo seu, H.G. Wells tivera uma reação semelhante a esse espetáculo de violência, e passou, da noite para o dia, de um otimista utópico a um pessimista amargurado. Mas Wells sempre fora um materialista científico. Jung, com suas preocupações religiosas, teoricamente deveria ter sido menos vulnerável.

O que estava acontecendo sugeria que faltava alguma coisa na psicologia de Jung. Certamente ele não era sexualmente frustrado, e não tinha "problemas religiosos" (certa vez ele disse que a maioria dos pacientes com mais de trinta e cinco anos tinha problemas religiosos). Não obstante, ele se permitia assumir agora uma atitude absolutamente negativa com relação a si mesmo e ao mundo. O problema real era simplesmente a falta de motivação, a falta de projetos que lhe devolvessem o entusiasmo; isso, por sua vez, levava-o a perder aquilo que Janet chamara de "tensão psicológica". A psicologia de Jung, com seus arquétipos e seu inconsciente coletivo, seu *animus* e *anima*, sombra e enantiodromia, era complexa demais para abarcar um problema tão simples como esse.

O acidente de janeiro de 1944 — descrito na introdução deste livro — e o ataque cardíaco que a ele se seguiu, pareciam ser conseqüências inevitáveis da depressão e do pessimismo daqueles anos de guerra. É provável que tenham sido gerados por sua própria mente inconsciente, pois — como pudemos ver — o resultado foi uma surpreendente auto-renovação. Jung havia capitulado a seu si-mesmo irracional e a todos os seus desgostos e negações racionais. Agora, de um momento para outro, o si-mesmo racional entrava em colapso, e ele voltava a se conscientizar do "numinoso". "Era como se eu estivesse em êxtase. Sentia-me como se flutuasse no espaço, como se estivesse a salvo no seio do universo — num vácuo enorme, mas cheio da mais sublime sensação de felicidade."

Tratava-se de um importante passo para além do "confronto com o inconsciente" da Primeira Guerra Mundial. "Nunca imaginei que tal experiência fosse possível. Não era um produto da imaginação. As visões e experiências eram absolutamente reais; nada havia de subjetivo nelas." As visões de Elias, Salomé e Filemon *tinham sido* frutos da imaginação — se bem que da "imaginação criativa". Tinham convencido Jung de que a mente pode criar sua própria realidade, a despeito do mundo físico. Mas estas "visões" *eram* reais; assim, falavam de uma realidade *exterior* a ele. Por cerca de dez anos ou mais Jung vinha escrevendo a respeito desta realidade — a realidade que subjaz à experiência religiosa e mística; agora ele a conhecia em primeira mão. Curiosamente, Jung enfatiza o elemento atemporal desta realidade. "Tememos a palavra 'eterno', mas não posso descrever tal experiência senão como o êxtase de um estado atemporal, no qual presente, passado e futuro são uma única coisa. Tudo o que acontece no tempo havia sido reunido em um todo concreto. Nada se organizava no tempo e nada podia ser mensurado por critérios de tempo." Era como se a consciência de Jung tivesse sido transferida ao reino atemporal do hemisfério cerebral direito. E se a "individuação" significa que a consciência dos cérebros direito e esquerdo deixou de ser dividida, então Jung finalmente atingira um grau de individuação.

A negatividade dos anos de guerra também havia desaparecido. "Uma outra coisa me aconteceu a partir da minha enfermidade. Posso defini-la como uma afirmação das coisas como elas são: um "sim" incondicional a tudo aquilo que é, sem qualquer protesto subjetivo. . ." E acrescenta um comentário penetrante: "No início da enfermidade, sentia que havia qualquer coisa de errado com a minha atitude, e que eu era parcialmente responsável pelo acidente."

Este talvez tenha sido o mais importante marco divisório da vida de Jung. Desde que começara a trabalhar no Hospital Burghölzli, vinha lutando por "primazia", sucesso, domínio, fama — não havia mais em seu inconsciente as incertezas geradas pela lembrança do patético fracasso de seu pai. Jung surgira num importante momento da história intelectual dos europeus, quando diversas formas de reducionismo científico estavam se tornando "dogmas inabaláveis". Compreendera que o propósito de sua vida era minar tais reducionismos, ainda que apenas quebrando alguns fragmentos de suas bases. E esta é a razão pela qual era tão importante para Jung ser aceito como cientista; isso explica por que repudiava com tanta veemência a mais sutil sugestão de que algumas de suas atitudes estavam mais próximas das atitudes dos artistas e dos inventores criativos. Na carta em que enumera suas qualificações "científicas", Jung também nega que é um romântico. Numa análise retrospectiva, porém, nada fica mais evidente do que o fato de ele ser precisamente o romântico que tanto nega.

O encontro com a morte parace tê-lo conscientizado de que era desnecessário manter a pretensão frenética de que era apenas um cientista e nada mais. Não houve, como pudemos ver, nenhuma conseqüência óbvia e imediata; Jung não anunciou, de uma hora para outra, qualquer tipo de "conversão". O primeiro sinal de uma postura mais relaxada foi o pós-escrito que, em 1948, acrescentou ao seu primeiro artigo sobre a crença em espíritos, no qual admite que suas opiniões anteriores eram inadequadas. Entretanto, numa introdução sobre "Psicologia e Espiritismo" (escrita para o *Unobstructed Universe*, de Stewart White) ele ainda insiste em que o livro pode ser lido simplesmente como uma interessante manifestação do inconsciente. Dois anos seriam necessários para que ele relatasse abertamente a história do chalé mal-assombrado em que estivera depois da Primeira Guerra Mundial. Contudo, Jung ainda não faz qualquer menção aos experimentos que ele e Bleuler haviam realizado com o médium australiano Rudi Schneider, nos anos 20 — experimentos em que testemunhara "materializações e psicocinética" (ou movimento de objetos). Foi Aniella Jaffé quem revelou estes experimentos, depois da morte de Jung, num ensaio no qual diz simplesmente que "Jung nunca utilizou tais experimentos cientificamente" — querendo dizer com isto que ele decidira não admiti-los.

De certa forma, tudo isso era um tanto irrelevante se comparado com o prefácio de Jung para a tradução de Wilhelm do *I Ching*, no qual finalmente admite que há muitos anos vinha levando a sério o oráculo chinês. No mesmo ano (1950) escreveu também o primeiro e breve ensaio "Sobre a Sincronicidade", apresentado em forma de conferência para uma platéia acolhedora de Eranos, no ano seguinte. O dado mais importante a respeito desta conferência não é o fato de Jung ter decidido romper com o racionalismo que o acompanhara por toda sua vida, através da formulação de um "princípio unificador acausal", mas o fato de ele não medir esforços para tentar dissimular o que está fazendo. Jung começa definindo sincronicidade como uma "coincidência significativa", e cita um exemplo de sua própria experiência: em 1949 anotara uma inscrião que mostrava uma criatura metade homem e metade peixe. Naquele dia, o prato servido no almoço foi peixe; alguém mencionou o hábito de fazer "*April fish*"; uma antiga paciente mostrou-lhe figuras de peixes; mostraram-lhe também um bordado que representava monstros marinhos e peixes; por fim, um paciente sonhou com peixe naquela noite. Poucos meses depois, imediatamente após ter registrado isso, Jung encontrou um enorme peixe próximo aos muros que beiravam o lago. Mesmo tendo relatado esses fatos, Jung explica que, depois de muito ponderar, decidira que tudo aquilo não passava de um "agrupamento casual". Assim, antes mesmo da discussão começar, ele já havia citado um exemplo de sincronicidade e voltado atrás.

Jung prossegue contando que um amigo estudante sonhara com uma cidade espanhola e quando, logo em seguida, viajou de férias à Espanha, reconheceu a cena com que sonhara, inclusive uma carruagem com dois cavalos cor-de-creme. Evidentemente não se trata, aqui, de sincronicidade, e sim de precognição. Jung passa então a descrever alguns experimentos de Rhine com a cartomancia; novamente, trata-se de "PES" (percepção extra-sensorial) e não de sincronicidade. O primeiro exemplo de "sincronicidade verdadeira" refere-se a uma paciente intelectual, cujo racionalismo rígido frustrava os esforços de Jung no tratamento psicanalítico. Certo dia, depois dela ter contado um sonho que tivera com um escaravelho dourado, ouviram-se batidas na vidraça; quando Jung a abriu, um escaravelho dourado-esverdeado voou para dentro da sala. A "coincidência" conseguiu abalar o racionalismo da paciente, e Jung pôde agir com maior eficácia. Neste ponto, porém, tendo finalmente conseguido citar um exemplo de sincronicidade, Jung volta a obscurecer o assunto, citando outros exemplos de PES, precognição, e telepatia. Passa a se referir, então, à astrologia, e descreve um experimento no qual analisara estatisticamente 180 casamentos, para verificar se a antiga crença astrológica de que os casais possuem certas conjunções e oposições em comum tem alguma base real. As figuras mostraram que *havia* muitas dessas conjunções, e que o número estava bem acima da probabilidade do acaso. Jung diz que isso certamente é sincronicidade; porém, qualquer astrólogo lhe teria dito que se tratava, ao contrário, do resultado de alguma lei física desconhecida, que liga as forças magnéticas da Terra com as dos planetas.

Assim, ao final da conferência, sentimo-nos confusos, pois ouvimos apenas um exemplo "genuíno" de sincronicidade e mais ou menos uma dúzia de exemplos de PES, precognição, telepatia, etc. Ao colocar o caso do escaravelho em meio a tantos outros exemplos irrelevantes, Jung dificulta a compreensão da conclusão que tirou a partir dele.

Mas no pequeno livro em que se baseou para a conferência, *Sincronicidade: um Princípio de Conexões Acausais* (1952), Jung pretende ir um pouco mais além. Aqui ele recorre à velha técnica de confundir o leitor através de noções da ciência — ou, pelo menos, através de ensinamentos clássicos e filosofia. Mas uma vez erguida a cortina de fumaça da ciência e da filosofia, ele está pronto para colocar algumas de suas cartas na mesa. Jung cita, por exemplo, o caso descrito por Camille Flammarion, sobre M. Fortgibu e o pudim de ameixa. Um certo senhor, M. Deschamps, quando era garoto em Orléans, ganhou certa vez um pedaço de pudim de ameixa de M. Fortgibu. Dez anos mais tarde, viu pudim de ameixa num restaurante em Paris e perguntou se podia comer um pedaço — disseram-lhe então que o pudim fora encomendado pela mesma M. Fortgibu. Muitos anos mais tarde, foi convidado para um jantar que incluía pudim de ameixa e sentiu que tudo o que queria era ver M. Fortgibu. Naquele instante, a porta se abriu, e por ela entrou M. Fortgibu, trêmula, senil, que batera em endereço errado. . .

Ao final do capítulo, Jung cita Albertus Magnus — um dos pais da magia ocidental —, lembrando que "um certo poder de alterar as coisas habita o interior da alma humana e a ela subordina as outras coisas, particularmente quando está assolada por um excesso de amor, ódio, ou sentimentos análogos". Em última análise, o que está tentando dizer é que sincronicidade e magia são a mesma e única coisa. Neste ponto, Jung uma vez mais bate em retirada, e fala do *I Ching* e do conceito chinês de Tao, que traduz por "significado". Segue-se um extenso relato de experimentos com a astrologia, utilizando tabelas e gráficos, e a admissão de que algumas figuras por ele criadas anteriormente estavam erradas. Segue-se um capítulo erudito, que versa sobre os diversos precursores da noção de sincronicidade: Hipócrates, Pico della Mirandola, Agrippa, Paracelso, Kepler e

Leibniz. Este capítulo nos leva à conclusão do livro — e o leitor continua sentindo que perdeu algum elo essencial na seqüência da lógica.

De fato, a conclusão não é mais satisfatória do que os capítulos anteriores, pois é dedicada, sobretudo, à questão do paralelismo psicofísico, ou à relação entre alma e corpo, empregada como uma analogia para a relação entre os eventos físicos e os psíquicos. Em meio a um extenso parágrafo, encontra-se a importante sentença: "ou existem processos físicos que geram acontecimentos psíquicos, ou existe uma psique pré-existente que organiza a matéria". Ou seja, a mente pode, de alguma forma, "fazer com que as coisas aconteçam". Não obstante, Jung parece ter negado esta noção num capítulo anterior, em que discute exemplos tais como o da paciente com o escaravelho, concluindo que o sonho que ela tivera com o escaravelho havia sido algum tipo de precognição de que o escaravelho bateria na janela no dia seguinte. Jung parece dar com uma das mãos e tirar com a outra.

Neste último capítulo, porém, Jung cita um exemplo que parece ser a chave para o mistério. Descreve o caso de uma paciente que quase morreu depois de um parto difícil, e que se viu pairando sobre seu corpo, olhando lá embaixo. Também pôde ver que o médico estava ligeiramente histérico; então, seus familiares entraram no quarto e ela passou a observar suas reações. Atrás dela — ela o sabia, embora não pudesse ver — havia uma paisagem maravilhosa, parecida com um jardim florido na primavera, que ela sabia ser a entrada para o "outro mundo". Estava ciente de que se olhasse para a paisagem, poderia sentir-se tentada a não voltar para seu corpo; assim, manteve os olhos voltados para a outra direção. Quando acordou, descreveu à enfermeira o que tinha visto, e a enfermeira viu-se obrigada a admitir que a paciente tinha razão no que se referia ao médico e a outros detalhes.

Isto, diz Jung, parece demonstrar que existem percepções independentes do corpo, do espaço e do tempo, e que "quando as percepções sensitivas são absolutamente impossíveis desde o início, dificilmente tratar-se-á de alguma outra coisa, senão de sincronicidade". O leitor pestaneja espantado, imaginando o que uma "experiência fora do corpo" tem a ver com sincronicidade. Não obstante, deve-se admitir que, a despeito da evidente relutância de Jung em ser demasiado explícito, seu fluxo de idéias, como um todo, é perfeitamente claro. Em 1944, sua experiência particular de proximidade com a morte convencera-o de que a psique independe do corpo, o que parece implicar a realidade da vida depois da morte. De fato, num ensaio sobre "A Alma e a Morte", escrito em 1934, ele chegou perto de afirmar a mesma coisa, ao comentar que todas as grandes religiões do mundo parecem aceitar que a vida é uma preparação para o "objetivo final da morte". (Mesmo aqui, Jung deliberadamente redigiu sua afirmação de forma que ninguém possa acusá-lo de acreditar na vida *depois* da morte.) Tais experiências fora do corpo, juntamente com as "coincidências significativas", certamente sugerem que o universo não é um conglomerado caótico de matéria. De alguma forma, estamos envolvidos num processo altamente significativo, *e podemos influir neste processo.* Assim, as sincronicidades podem ser entendidas de duas maneiras: ou como um processo "mágico" — uma influência exercida pela mente inconsciente sobre o mundo ao nosso redor —, ou como uma espécie de interferência de algum anjo da guarda desconhecido, cujo propósito é nos dizer que a vida não é tão absurda quanto parece.

Mas tudo isto se reveste de comentários sobre a causalidade e não-causalidade, estatísticas e experimentos, modelos de pensamentos chineses e gregos, que têm por objetivo dar ao assunto uma aparência de hipótese científica. Exemplo disto é a seguinte sentença do primeiro capítulo: "Um dos mais problemáticos e importantes séculos que o mundo jamais conheceu separa-nos daquela era ainda medieval, em que a mente filosófica acreditava poder fazer afirmações para além daquilo que poderia ser comprovado empiricamente" — aqui está subentendido que ele, dr. Jung, não poderia sonhar em fazer tais afirmações. Mas a esta sentença segue-se uma passagem em que Jung reconhece a figura de Schopenhauer como o "padrinho" de sua idéia de sincronicidade — Schopenhauer, um dos primeiros grandes amores da juventude romântica de Jung. Num certo sentido, Jung fecha agora um círculo perfeito. Está retornando à afirmação dos ideais românticos e poéticos de sua adolescência. Mas o faz com extrema cautela, receoso de perder o terreno ganho por investigações científicas feitas durante toda a sua vida — ou talvez, simplesmente, por medo de perder prestígio.

A mesma ambivalência ressurge em outra das mais controvertidas obras dos anos 50: *Flying Saucers: A Modern Myth of Things Seen in the Skies (Discos Voadores: um Mito Moderno de Coisas Vistas nos Céus),* de 1958. A teoria de Jung é que os discos voadores são "projeções" do inconsciente coletivo. Considera como seu principal significado o fato de eles serem circulares — como mandalas. Seriam, então, uma "projeção" de nossos inconscientes implorando por um salvador — ou, o que é a mesma coisa, por individuação. (A mandala é o símbolo de Deus *e* do si-mesmo.)

Mas aqui as coisas se complicam; Jung admite que os OVNIS podem ser fotografados e captados em telas de radar. Então, como podem ser "projeções"? — pois não nos esqueçamos de que a projeção significa, basicamente, uma visão ou alucinação. Jung deixa esta pergunta sem resposta; mas a resposta está claramente implícita. Sob certas condições, uma "projeção" *pode* provocar efeitos físicos. A mente pode afetar a realidade física. Entretanto, Jung é cauteloso em não enfatizar este aspecto, e poucos comentários do livro chegam sequer a mencioná-lo.

Um outro complicado aspecto surge a partir de uma entrevista entre Jung e o aviador Charles Lindbergh, no verão de 1959. "Para minha surpresa", disse Lindbergh (numa carta endereçada à esposa de seu editor) "descobri que Jung aceitava como um fato a existência de discos voadores. De um lado, ele não parecia estar nem um pouco interessado em aspectos psicológicos. De outro, também não parecia estar interessado na informação concreta referente à investigação de relatos sobre discos voadores". Quando Lindbergh disse a Jung que a Força Aérea Norte-Americana não havia encontrado qualquer evidência para os discos voadores, "ficou claro que ele não quis mais prolongar o assunto". Lindbergh prosseguiu jogando água fria nos relatos de visões, e citando as palavras de seu amigo, o General Spaatz (da Força Aérea dos Estados Unidos): "Você não acha que se houvesse alguma coisa de verdade nesta história de discos voadores, você e eu já não saberíamos alguma coisa a respeito dela?" A resposta de Jung foi a seguinte: "Existem muitas coisas acontecendo nesta terra que nem o senhor, nem o General Spaatz, conhecem." * Parece evidente, então, que uma vez mais Jung sutilmente falava menos do que sabia — ou acreditava — quando expunha suas idéias ao público. Não foi sem razão que Lindbergh comentou: "Percebem-se intuitivamente os elementos de misticismo e grandeza nele — mesmo quando algumas vezes eles se mesclam a elementos de charlatanismo."

O mesmo cuidado, a determinação de não sacrificar sua condição de cientista, pode ser observada na atitude de Jung com relação à religião, nos últimos dez anos de sua vida. Ele escreveu duas grandes obras sobre este assunto: *Aion* (1951) e *Resposta a Jó* (1952), sendo que a última foi sua obra mais controversa. *Aion* é um trabalho muito obscuro, mesmo para os padrões junguianos: concentra-se na análise do significado da figura de Cristo. Camuflado em meio à discussão do simbolismo religioso e psicológico, é uma tese surpreendente. Jung acredita que a cristandade surgiu como uma profunda necessidade do inconsciente co-

---

* *C. G. Jung Speaking*, editado por William McGuire e R. C. T. Hull, p. 364. Fiquei sabendo, também, que depois da morte de Jung sua sobrinha mencionou que ele aceitava a realidade material dos discos voadores.

letivo. Os homens estavam enjoados do paganismo e de Roma; algo mais profundo, que satisfizesse mais ao espírito, deveria tomar seu lugar. Jung acredita também que a mudança tinha que ocorrer na época em que ocorreu, há dois mil anos, no início da Era de Peixes — e é significativo que o símbolo da cristandade seja o peixe. Resumindo, *Aion* é uma tentativa de descrever a história dos homens como o desenrolar de um processo necessário, que teve suas origens no inconsciente coletivo. A compulsão interior do livro está próxima daquela das passagens introdutórias de *Os Tipos Psicológicos*, envolvendo figuras como Tertuliano, Orígenes e a antiga Igreja. Mas ao tentar mostrar a necessidade psicológica da cristandade, Jung foi mais além do que em qualquer obra anterior. Na verdade, ele reivindicava seus direitos enquanto filósofo da história, ao lado de Spengler e Toynbee, o que poderia ser considerado sua "resposta final a Freud", sua mais completa análise da "função religiosa" da alma. Não obstante, era cauteloso o suficiente para proteger sua retaguarda. Numa entrevista com Mircea Eliade, na Conferência de Eranos em 1952, pouco tempo depois da publicação de *Aion*, Jung afirma: "Sou e continuo sendo um psicólogo. Não estou interessado em nada que transcenda o conteúdo psicológico da experiência humana. Não chego nem mesmo a me questionar se tal transcendência é possível. . ." Isto teria soado falso até mesmo em 1912, depois da publicação de *Símbolos da Transformação*, onde se torna evidente que Jung possuía um forte envolvimento emocional com Sto. Agostinho e o simbolismo cristão; em *Os Tipos Psicológicos* tudo isto se evidenciou ainda mais. O objetivo de Jung sempre fora ampliar as categorias do freudianismo, insistir em que a religião é tão importante para o inconsciente quanto o sexo. *Aion* é uma afirmação do anseio fundamental do homem pela "transcendência". Assim, sua insistência em "não chego nem mesmo a me questionar se tal transcendência é possível" deve ser considerada uma outra tentativa de tomar com uma das mãos aquilo que havia dado com a outra.

Resposta a Jó consegue ser ainda mais ambíguo. Em sua autobiografia, Jung explica: "As muitas perguntas do público e de meus pacientes fizeram-me sentir que eu precisava me posicionar mais claramente a respeito dos problemas religiosos do homem moderno. Durante anos hesitara em fazê-lo, pois sabia perfeitamente que iria desencadear uma tempestade. Mas, afinal, em nada poderia ajudar se ficasse preso ao problema, com toda a sua urgência e dificuldade; por isso, senti-me compelido a responder."

Qualquer um que use isso para dizer que a intenção de Jung é fazer uma afirmação não-ambígua acerca de suas próprias crenças religiosas ficará desapontado. *Resposta a Jó* é mais obscuro do que qualquer outra coisa que Jung escreveu. A questão proposta é, naturalmente, a da existência do mal. Dostoievski trabalhara com este problema no capítulo "O Grande Inquiridor", de *Os Irmãos Karamazov,* e Wells fizera dele o enredo de um de seus mais impressionantes contos, *The Undying Fire (O Fogo Eterno),* uma versão moderna da história de Jó. A controvertida resposta de Jung é a de que Deus não pode ser inteiramente bom — ele também teria um lado obscuro. Jung passa a discutir a história de Jó, e conclui que Jó conseguiu uma vitória moral sobre Jeová. Isto de alguma forma tornou necessário o nascimento de Cristo, pois na cristandade o problema do mal é finalmente trazido à luz. A Virgem Maria também é importante enquanto um símbolo de redenção. Em contraste com estas figuras inteiramente boas, porém, a figura do Anticristo, Satã, começa a crescer em importância. Satã é a "sombra" de Deus, e o fato de o Ser Supremo possuir uma "sombra" indica que Deus não poderia ser essencialmente onipotente, como se pretende. (Parece ter sido este o aspecto do livro que causou tanta controvérsia.) A cristandade tem sido insatisfatória porque Jesus é inteiramente bom, e se oferece como uma espécie de refém para o mal dos homens.

A resposta de Jung está contida em sua noção de individuação. Os opostos — consciente e inconsciente — devem entrar em acordo, devem aprender a compreender um ao outro, a cooperar entre si. Somente assim o conflito (a neurose) será transcendido. Jung vê o advento da Era de Aquário como a nova síntese; a mandala surge como seu símbolo típico: uma nova plenitude. Assim, a resposta para o problema do mal está na psicologia junguiana e em seu conceito de individuação.

Naturalmente, Jung não diz tudo isto de maneira tão clara e vigorosa como expusemos acima. Mas tal noção está claramente implícita. Daí a tempestade provocada pelo livro entre os teólogos — uma tempestade que fez com que este fosse o único livro de Jung a figurar nas listas de *bestsellers* dos Estados Unidos. De fato, Jung se colocava como o profeta da nova era, um João Batista. E, de certa forma, sua reivindicação era mais razoável do que parece. Numa carta, Jung escreveu: "Estamos bastante necessitados de um alargamento de nossa consciência reflexiva, de modo que possamos nos tornar mais cientes das forças opostas existentes em nós, e deixemos de tentar varrer o mal de nosso caminho, ou negá-lo ou projetá-lo, como temos feito até agora." Jung está simplesmente reafirmando, de uma forma mais complexa, a afirmação de Bernard Shaw de que Deus é incompleto, cabendo ao homem a tarefa de completá-lo através da obtenção de uma consciência mais abrangente e de um autoconhecimento mais profundo. Mas Jung deu um passo à frente de Shaw. Ele acreditava que tendências benéficas brotam das profundezas da mente inconsciente, e que, por conseguinte, o homem está no limiar de um novo estágio de evolução. Neste sentido, *Resposta a Jó*, apesar de toda a sua obscuridade e ambigüidade, é o ápice da estrutura que ele estivera criando durante toda a sua vida. É o seu último repúdio ao "reducionismo". De fato, ao afirmar que o dogma da Assunção da Virgem Maria (feito pela Igreja em 1950) é o mais significativo evento religioso desde a Reforma, parece repetir a visão de Goethe de que "o eterno elemento feminino nos leva para cima e para frente". *Resposta a Jó* poderia ser considerado como o equivalente de Jung para a segunda parte do *Fausto.*

Resposta a Jó foi escrito durante um período de enfermidade. Jung sempre tivera uma constituição excelente, mas seus últimos dez anos de vida foram freqüentemente perturbados por pequenas enfermidades. Em 1952, Toni Wolff morreu, aos sessenta e três anos de idade; Jung não compareceu ao funeral. Eles haviam se separado alguns anos antes. Ruth Bailey, uma inglesa que Jung conhecera na África — e que se tornou sua companheira dos últimos anos —, lembra as palavras de Jung: "Toni vem me visitar hoje — espero que ela não se demore."

Jung era um fumante inveterado, o que lhe causava crises de taquicardia. Sua principal forma de relaxamento era a leitura de histórias policiais — qualquer coisa, de Simenon a Agatha Christie. E embora trabalhasse em seu último livro, *Mysterium Coniunctionis,* até 1955, parecia sentir, conforme observa Ruth Bailey, "que havia dito tudo o que lhe fora dado dizer". Ruth Bailey achava-o exigente e resmungão, algo parecido com uma criança mimada. Quando ela se uniu a ele, depois da morte de Emma em novembro de 1955, Jung lhe disse: "Sou um homem capaz de ficar muito furioso. Não se incomode com isto." Mas quando ele a atormentava todas as manhãs por causa de dois tomates, ela precisava ameaçá-lo dizendo que o deixaria, para que ele se acalmasse. Então, com o egoísmo inconsciente de um homem que sempre tivera sua forma peculiar de viver, Jung lhe dizia: "Tudo o que você precisa se lembrar é de não me aborrecer."

Felizmente ainda havia trabalho a ser feito. Em 1956, seu editor, Kurt Wolff, persuadiu-o a trabalhar em sua autobiografia; em 1957, aos oitenta e dois anos, ele começou a escrevê-la, ajudado por Aniela Jaffé. Curiosamente, Jung sempre falara pouco a respeito de sua vida particular, talvez porque desejasse que não se soubesse muito sobre suas relações com as mulheres. Mas quando se pôs a escrever suas memórias de infância, começou a trabalhar com entusiasmo.

Pela primeira vez descreveu a crise que sofreu em 1913 e seu "confronto com o inconsciente", possibilitando aos leitores compreenderem o que ele entendia por "projeção". Também falou abertamente a respeito de suas experiências "psíquicas" — telepatia, *poltergeists*, sonhos cognitivos —, de modo que esclareceu, novamente pela primeira vez, a razão pela qual rejeitara tão veementemente o antiocultismo de Freud. *Memórias, Sonhos, Reflexões* deixou claro que a vida de Jung fora uma nova versão da luta que movera tantos românticos, de Goethe e Yeats. Entretanto, para aqueles que leram seus outros livros, também esclareceu um outro dado que Jung decidira manter em segredo: o de que o psicólogo científico era uma imagem pública e, até certo ponto, uma fraude deliberada. Para muitos leitores, tal revelação foi tão surpreendente quanto a descoberta, digamos, de que um eminente moralista e chefe de família era, na verdade, um homossexual ou um pedófilo. Mas, afinal de contas, os efeitos do livro foram eminentemente positivos: permitiu a muitos leitores se localizarem nas grandes obras de Jung, sem serem confundidos e frustrados pelos muitos obstáculos que ele deliberadamente colocara para dissimular sua subjetividade passional.

Em 1959, Jung foi entrevistado pelo jornalista John Freeman, para a rede BBC de televisão. Em seguida, um editor inglês pediu a Freeman que tentasse persuadir Jung a colaborar num livro sobre sua obra destinado ao grande público. Jung negou-se a fazê-lo — naturalmente preocupado com sua imagem de cientista —, até que sonhou que estava se dirigindo a uma grande multidão. Depois disso, trabalhou até a exaustão num longo ensaio intitulado "Abordando o Inconsciente". Nele, Jung fala da lenta evolução da consciência humana, da "cisão" que ocorrera entre o consciente e o inconsciente como resultado dessa evolução, terminando com uma passagem intitulada "A cura da cisão", que é, praticamente, uma confissão de fé:

Num período da evolução humana, em que toda a energia disponível é gasta na investigação da natureza, muito pouca atenção é dispensada à essência do homem — sua psique —, embora muito se pesquise a respeito de suas funções conscientes. Entretanto, a parte da mente verdadeiramente complexa e desconhecida, a partir da qual são produzidos os símbolos, ainda está praticamente inexplorada. Parece inacreditável que embora recebamos sinais vindos dela todas as noites, o trabalho de decifração destas mensagens pareça entedioso demais para as poucas pessoas que dele se ocupam. O maior instrumento do homem, sua psique, é objeto de pouca reflexão, e freqüentemente é vítima de desconfiança e desprezo. A frase "isto é apenas psicológico" muitas vezes significa: "Isto não é nada. . ."

Esse ponto de vista moderno é, certamente, unilateral e injusto. Nem mesmo está de acordo com os fatos conhecidos. Nosso atual estágio de conhecimento do inconsciente nos mostra que ele é um fenômeno natural, e que, à semelhança da própria Natureza, é pelo menos *neutro*. Contém todos os aspectos da natureza humana — luz e sombra, belo e feio, bem e mal, profundo e tolo. O estudo do simbolismo individual, bem como do coletivo, é uma enorme tarefa, que ainda não foi levada a cabo. Finalmente, porém, um começo já foi feito. Os primeiros resultados são encorajadores, e parecem indicar uma resposta para as muitas perguntas não respondidas pela humanidade de hoje.

Naturalmente Jung queria dizer: "Finalmente iniciei este trabalho e meus resultados indicam uma resposta para as perguntas não respondidas pela humanidade. . ." Ele não tinha qualquer dúvida de que o trabalho que realizara durante sua vida lançara uma luz de um holofote no mais recôndito da natureza humana, e respondera à questão de por que o vive. Portanto, foi com esta convicção que, dez dias depois de escrever estas palavras, Jung caiu de cama, vítima da última enfermidade que o acometeu. O pessimismo que o levara a dizer a Laurens Van der Post: "Sou um homem cada vez mais solitário escrevendo a outros homens também solitários", levou-o a escrever uma carta lamurienta a um amigo, o dr. Michel Fordham, declarando que ninguém o compreendia, e que sua obra fora um fracasso. Fordham encontrou Jung de pijama, usando uma toca de dormir, e suas palavras eram confusas e angustiadas. Depois de ficar em silêncio, Jung disse: "É melhor você ir embora". Pouco depois, em 17 de maio de 1961, uma embolia cerebral fez com que sua fala se tornasse imprecisa. A 6 de junho de 1961, Jung disse a Ruth Bailey: "Vamos tomar um bom vinho tinto esta noite", e pediu a ela que fosse à adega. Pouco depois entrou em coma morrendo naquela mesma tarde. Revendo o passado, poderíamos dizer que suas palavras foram tão apropriadas quanto as de Goethe: "Mais luz."

CAPÍTULO SETE

Dúvidas e restrições

Na medida em que tentei me abster de quaisquer comentários críticos a respeito das idéias e atitudes de Jung, é provável que se tenha tornado evidente no decorrer do livro que tenho um certo número de restrições com relação a ele. Anthony Storr, no pós-escrito de seu livro sobre Jung, confessa: "É fácil perder a paciência com Jung; eu mesmo a perdi algumas vezes." Storr critica a preocupação de Jung com o oculto, censurando, sobretudo, a psicologia "profundamente valiosa de Jung". Pessoalmente, nada tenho a dizer contra o ocultismo de Jung, uma vez que ele se baseava inteiramente na experiência pessoal; entretanto, tenho sérias dúvidas no que respeita a algumas de suas teorias estritamente psicológicas.

Descrever Jung como um romântico não significa criticá-lo. Um romântico é basicamente uma pessoa que acha que o mundo está repleto de significados ocultos — que a descoberta e a aventura estão em cada esquina. A mim me parece ser esta atitude mais franca, e conseqüentemente mais verdadeira, do que a do pessimista que acha que a vida humana é curta, brutal e inútil. O romântico sabe que o problema está em nossas próprias limitações, na estreiteza de nossos sentidos. Assim, se um romântico é, ao mesmo tempo, também um realista, sente-se inclinado a devotar grande parte de sua vida a uma busca de significado — que é um sinônimo para autotransformação. Jung foi uma dessas pessoas; o resultado foi um notável corpo de obras que podem ser comparadas com as *ouevre* de qualquer figura exponencial do séc. XIX.

Entretanto, quando um romântico nega veementemente que *é* um romântico, o resultado pode muito bem ser uma certa contradição interior. Hegel, por exemplo, procura apresentar seu "sistema" como tendo se originado da razão pura e da lógica; assim, envolve seu discurso numa densa nuvem de material verbal, para que soe respeitável, do ponto de vista acadêmico. Jung raramente é tão obscuro quanto Hegel, mas o paralelo entre os dois é perfeitamente válido. Sempre que deseja falar de alguma coisa que toca suas convicções mais profundas, Jung pigarreia e diz: "Falando apenas como um psicólogo. . ." Storr salienta que Freud leva uma grande vantagem em relação a Jung por escrever de maneira clara e simples, como se nada tivesse para esconder. Em comparação, Jung sempre parece estar tentando cegar o leitor com noções da ciência.

Analisemos um pouco mais detalhadamente a evolução das idéias de Jung sobre o inconsciente.

Vimos que, na moderna acepção da palavra, o termo foi praticamente criado por Freud. Freud estudava com Charcot em Paris, e observava as notáveis demonstrações de hipnose feitas por Charcot. Podia-se dizer a uma pessoa sob hipnose que, dez minutos depois de acordar, ela tiraria seus sapatos e os colocaria sobre a mesa. No devido tempo ela faria exatamente isto; e se lhe perguntassem por que fizera aquilo, daria uma explicação perfeitamente razoável. Evidentemente, o sujeito do experimento eram *duas pessoas*, uma das quais nada sabia a respeito da outra. E isto poderia explicar por que uma paciente como a famosa "Anna O" podia interromper uma conversa, subir numa árvore, descer novamente, e parecer surpresa quando o médico lhe perguntava por que subira na árvore, uma ação de que ela não se lembrava. Freud concluiu que a mente inconsciente é muito mais poderosa do que a mente consciente, e que estamos sempre fazendo coisas sem entendermos realmente o que de fato as gerou. A observação das "transferências" de seus pacientes levou Freud a concluir que o motivo oculto era sempre o sexo. Em Viena, por volta de 1900, quando o sexo era algo que gente respeitável nunca mencionava, isto parecia perfeitamente possível.

O problema com a visão de Freud do homem é que ela é essencialmente *passiva*. Somos simples marionetes nas mãos de nossas mentes inconscientes. A superfície da mente pode parecer bastante calma, como uma tranqüila extensão de terra com chácaras e pomares; sob a superfície, porém, existem poderosas forças capazes de provocar terremotos e erupções vulcânicas.

Jung aceitava esta noção sem restrições. Mas seu temperamento era de um otimista romântico, um homem que via o universo como um intrigante mistério, do qual, com um pouco de sorte, o poeta e o cientista podiam ter alguns *insights* básicos. Assim, sua linha de ataque ao pessimismo e "reducionismo" freudianos deveria começar pela noção de que estas misteriosas forças ocultas não eram tão perigosas e ameaçadoras como Freud acreditava. Jung era filho de um clérigo, e seu interesse por Sto. Agostinho e pelos antigos Patriarcas da Igreja revelam que ele acreditava que a experiência de Deus e da religião não podiam ser reduzidas a desprezíveis impulsos sexuais. Jung era um amante da literatura, e certamente não acreditava que os estados mentais induzidos pela poesia eram simples "escapismos". Sua preocupação era resgatá-los de Freud. Vimos que foi a leitura de um livro sobre mitologia que lhe trouxe a idéia de como isto poderia ser feito. Jung criou uma camada ainda mais profunda do que o inconsciente, que continha os mitos básicos da humanidade. Para os ouvidos do homem moderno, tal noção não soa de todo impossível. Sabemos, por exemplo, que certos tentilhões reproduziram-se nas ilhas Galápagos por diversas gerações, sem nunca terem visto um predador. Mas quando seus descendentes foram levados de volta para a Califórnia, sua reação foi de pânico ao avistarem um falcão. Naturalmente, a imagem de um falcão estava de alguma forma codificada nos genes das aves — ou, como Jung diria, no inconsciente coletivo da espécie dos tentilhões. Assim, por que a mente humana não poderia conter imagens semelhantes de heróis, deuses, demônios, etc.? A resposta é a seguinte: porque é difícil ver qualquer necessidade para elas. Para a sobrevivência do tentilhão era importante que ele reconhecesse um falcão. É difícil ver que diferença poderia fazer para um ser humano pensar que o vento vem de um tubo que desce do Sol. . .

Naturalmente não queremos com isto negar categoricamente o conceito junguiano dos arquétipos. É possível que eles efetivamente existam. Entretanto, devemos compreender muito bem como Jung *concluiu* que eles existiam. Ele aceitara o conceito freudiano de inconsciente como um vasto e misterioso reino oculto. Assim, era fácil ampliar essa imagem e continuar descendo ainda mais até atingir profundezas onde *ele* pudesse fincar sua bandeira. É significativo que muitos dos sonhos de Jung, como o que tivera na infância sobre o falo sentado no trono, envolvam a descida a uma espécie de submundo. E desde a "descoberta" de Jung do inconsciente coletivo, o objetivo de sua vida tornou-se claro e óbvio: tentar esboçar uma espécie de mapa de sua geografia, e tentar encontrar provas de sua existência na mitologia e na religião. A alquimia serviu perfeitamente a estes propósitos, pois seus intrincados documentos podem ser interpretados como sonhos. Jung acreditava que seu procedimento era científico, mas a maioria dos freudianos continuava convencida de que ele inventava seu próprio reino oculto, assim como Tolkein inventara o Centro da Terra. Existe pelo menos uma ponta de verdade nestas opiniões.

Ora, antes de Freud, a imagem da psique humana era mais simples. A imagem implícita na obra de Janet, por exemplo, é a de que o ser humano podia ser comparado a um automóvel, cujo ego é o motorista e cuja "mente" é o motor oculto sob o capô. Mas o fato de estar "oculto" não significa que seja "inconsciente". No máximo, poderá ser "subconsciente", localizando-se logo abaixo da consciência. E do mesmo modo como um motorista pode descobrir uma série de coisas sobre o motor, bastando para isto abrir o capô, ou simplesmente observar o que ocorre quando ele breca, acelera, ou muda de marcha, os seres humanos podem aprender muitas coisas acerca do funcionamento de suas mentes através da introspecção.

É claro que existem algumas partes da mente que devem ser chamadas de "inconscientes". Meu cérebro contém toda a memória que acumula desde o meu nascimento, e esta biblioteca é tão grande, que não podemos pretender trazê-la totalmente de volta ao consciente. Mas nada há de particularmente misterioso sobre a memória. Posso, por exemplo, ir a um laboratório de física e conhecer um computador no qual estão armazenados os dados de todos os experimentos já realizados. Eu não o chamaria de "mente inconsciente" do laboratório. E se houvesse ainda um outro computador contendo os resultados de todos os experimentos realizados no mundo inteiro, eu certamente não o chamaria de inconsciente coletivo. São apenas computadores.

O que provoca a neurose? Desde a infância, estamos sujeitos a toda a sorte de medos e perigos. Alguns são reais, outros são frutos da imaginação e do exagero. Alguém popoderá me contar uma história chocante sobre a crueldade, o que poderá gerar em mim uma permanente "sensação de desconforto" com respeito a casas velhas e jardins que há muito não são cuidados. Uma pessoa audaciosa, alegre, irá explorar o mundo e achar que muitos daqueles medos não se justificavam. Uma pessoa tímida, arredia, poderá ter sua vida inteira atormentada por temores e anseios infantis ainda não exorcizados. Ele (ou ela) estará mais propenso a neuroses do que aquele outro, de espírito mais audacioso.

Segundo Janet, a condição básica para a neurose é o *abaissement du niveau mental* — abaixamento do nível mental —, aliás, expressão que Jung usou durante toda a sua vida (de fato tão freqüentemente, que existe um extenso verbete dedicado a ela no índice de suas Obras Completas). Recordamo-nos de que Janet acreditava ser a saúde psicológica uma questão de "tensão psicológica", um senso de motivação e de propósito. Havendo um abaixamento deste estado, causado pelo tédio, pela enfermidade ou pela depressão, teremos o que ele chama de *abaissement du niveau mental*, e o indivíduo pode tornar-se vítima de medos e ansiedades que lhe pareceriam absurdos se se sentisse mais sadio. Via de regra, experimentamos um abaixamento de nosso nível mental durante a noite; todos nós já vivemos a experiência de acordar nas primeiras horas da manhã e começar a nos preocupar com toda a sorte de coisas. Este é um exemplo simples do modo como Janet vê o mecanismo da neurose. Seguem-se, então, outros estágios — uma diminuição da atenção que leva a uma sensação de monotonia e, numa outra etapa, a um outro abaixamento do nível mental. O que ocorre, então, é o efeito de um "círculo vicioso".

Basicamente, nosso problema enquanto seres vivos é nos ajustarmos à vida e, se possível, "dominá-la". Fazemos isto quando existe em nós um senso de propósito e de motivação. A mente parece possuir um elemento que poderia ser comparado a uma poderosa mola, ou à corda de uma besta. Quando me deparo com um excitante desafio, crio energia mental através da compressão desta mola — ou, para usar a outra imagem, puxando a corda da besta. Nesta batalha pelo "domínio" da experiência, minha arma mais valiosa é o conhecimento, particularmente o autoconhecimento. Uma criança é muito mais vulnerável do que um adulto, pois o conhecimento que tem do mundo é muito menor, e ela pode ser facilmente intimidada por histórias de perigos e desgraças.

Consideremos um caso recontado por Jung no quarto capítulo de *Psicologia do Inconsciente*. Um homem de negócios americano, bem-sucedido, conseguira tudo pelo que tinha lutando muito desde o início; como conseqüência disto, estava rico o suficiente para se aposentar aos 45 anos.

Entretanto, a despeito da privilegiada condição social de que desfrutava, e de todas as formas possíveis de entretenimento, começou a se sentir perturbado. Tornou-se um hipocondríaco e doente dos nervos. Consultou um psiquiatra, que lhe disse que a causa de seu problema era a falta de trabalho; aconselhando-o a retornar às suas atividades. O homem obedeceu, mas ficou consternado ao descobrir que o trabalho agora o aborrecia. Quando consultou Jung, seu estado era de "ruína moral sem esperanças de cura". Jung viu que nada podia fazer por ele. "Um caso tão avançado dificilmente pode ser acompanhado até a morte do paciente."

Jung interpretou esse caso a partir da noção de "enantiodromia" — uma forte emoção que se transforma no seu oposto, como a conversão de São Paulo a caminho de Damasco. Também havia traços, disse ele, de uma fixação na mãe.

Mas a teoria de Janet oferece uma interpretação mais simples e mais satisfatória para o caso. A tensão psicológica do homem de negócios — e o seu senso de "domínio" da experiência — ligava-se ao seu senso de propósito ou seja, ser bem-sucedido. Quando conseguiu o que queria e se aposentou, seu propósito desapareceu e sua tensão psicológica entrou em colapso. Verificou-se, então, um abaixamento do nível mental. De um momento para outro, ele passou de mestre a vítima de sua experiência. Como um homem acordado no meio da noite, ficou sujeito a toda a sorte de preocupações absurdas; e, como tivera de se manter ocupado — sua carreira sempre fizera isto por ele —, entrou num círculo vicioso de autopiedade e desencorajamento. A volta ao trabalho não foi a solução para o problema, pois ele havia trabalhado para ser bem-sucedido e ele *era* bem-sucedido. Além disso, com o abaixamento de seu nível mental, o trabalho não lhe agradaria — como um inválido que tenta mergulhar em água fria.

A solução teórica para o problema seria utilizar aquelas características da inteligência e da ambição que o haviam tornado um homem bem-sucedido. Se ele tivesse entendido o que acontecera — como Janet o faria entender —, teria percebido que sua salvação estava em romper o círculo vicioso e procurar, até encontrar, um único assunto ou uma única ocupação que pudesse despertar seu interesse. Sobretudo, deveria ter sido conscientizado de que o problema podia ser resolvido — como um forte resfriado ou uma dor de cabeça —, pois a elevação do nível mental depende de se acender uma faísca de otimismo: a convicção de que alguma coisa pode ser feita. É provável que a explicação de Jung sobre a enantiodromia o tenha deixado confuso, perplexo e deprimido — assim como as explicações de Freud sobre sua fixação na mãe e o Complexo de Édipo. Ao abordar o assunto com tal explicação desnecessariamente complicada — uma explicação que era, por assim dizer, demasiado astuta —, Jung perdeu a chance de curar o paciente.

A mesma abordagem desnecessariamente complicada pode ser vista em outro dos casos de Jung. Uma adolescente de boa família tinha entrado num estado de esquizofrenia e se recusava até mesmo a falar. Quando Jung finalmente conseguiu persuadi-la a falar, descobriu que ela vivia o tempo todo imaginando estar na Lua. Sua missão era proteger o povo da Lua do vampiro coberto de penas; entretanto, ao tentar atacar o vampiro, as penas que o revestiam desapareceram, revelando um belo homem, por quem ela se apaixonou...

Jung descobriu que a garota fora seduzida por seu irmão quando tinha quinze anos, tendo sido posteriormente vítima de uma agressão sexual por parte de uma companheira de escola — presumivelmente uma lésbica. A única explicação de Jung era que o incesto sempre fora para ela um magnífico privilégio, e o inconsciente coletivo da garota sabia disso. Assim, ela se recolheu à Lua — "o reino mítico" —, e se alienou do mundo real.

Jung nos relata que certa vez a convenceu a deixar a Lua e retornar à Terra. Quando ela tentou pela primeira vez abandonar seu mundo de fantasia, teve uma recaída; mas "resignou-se com sua sorte" e mais tarde casou-se e teve filhos.

Mais uma vez a explicação de Janet para este caso teria sido simples. O incesto (que presumivelmente teve sua anuência) deixou-a com um sentimento de culpa que a fazia ruborizar toda vez que precisava encarar seus pais ou seus professores. A agressão sexual de sua companheira de escola fortalecera sua noção de que o sexo é amedrontador e desprezível, algo de que se deve arrepender. Um adolescente passa por inúmeros problemas de ajustamento a mudanças físicas sem ser oprimido pelo medo e pela culpa. A jovem era, sem sombra de dúvida, do tipo introvertido e fantasioso — o tipo que prefere ler ou inventar fantasias a se envolver com o mundo real. O que houve foi um abaixamento do nível mental, o efeito de um círculo vicioso de medo e desconfiança, e uma perda de tensão psicológica. Sua "função realidade" (outro conceito criado por Janet) debilitou-se ao ponto de ela não desejar ter qualquer contato com o mundo real, confinando-se à vívida fantasia que criara. A história do belo vampiro deixa claro que sua atitude com relação ao sexo não era de todo negativa; o sexo atraía a jovem tanto quanto a amedontrava.

Neste caso, a cura se processou de forma satisfatória porque se tratava de uma mulher, e Jung pôde valer-se do fenômeno da transferência: um jovem e belo médico tentando persuadi-la a retornar à Terra. Mas as teorias a respeito do incesto, da realeza e do mundo mítico eram absolutamente irrelevantes: não ajudaram Jung a resolver o caso e em nada nos ajudam a compreendê-lo. Apenas fomentam no leitor um claro sentimento de "resistência ao vendedor", de que Jung estava determinado a mergulhar em suas teorias míticas, fossem elas adequadas ou não. Tal fato explicaria a razão pela qual um surpreendente número de casos de Jung — como o do homem de negócios e o de *Sir* Montagu Norman — fracassaram.

De fato, se a psicologia significa a compreensão dos *mecanismos* da mente — o que Gurdjieff entendia por "compreender a máquina" —, então Jung não era um psicólogo particularmente bom. Com os olhos fixos em seu sonar, procurando sinais do que estaria acontecendo nas escuras profundezas, Jung não percebe mecanismos mais evidentes da neurose. A "enantiodromia", por exemplo, parece ser uma tentativa de caracterizar o que o psiquiatra vienense Viktor Frankl mais tarde identificou como "a lei do esforço contrário": o fato de que nova ansiedade por fazer alguma coisa bem, faz com que a façamos mal. (O primeiro *insight* de Frankl ocorreu quando ele ficou sabendo de uma peça encenada numa escola, na qual um garoto bastante gago fora escolhido para desempenhar o papel de um gago, e descobriu que falava normalmente no palco.) Entretanto, ao invés de reconhecer sua aplicação universal, Jung transformou tal conceito numa espécie de resistência interior que nos leva a fazer o oposto do que desejamos conscientemente: um fenômeno raríssimo. A lei do esforço contrário nos afeta todos os dias centenas de vezes, pois — como Thomson Jay Hudson admitiu — temos dentro de nós duas pessoas, e estaremos fazendo o melhor de nós quando cada uma desempenhar seu papel, sem interferir no desempenho da outra. Considere-se uma simples adivinhação como esta: "Não tenho irmãos nem irmãs, mas o pai deste homem é o filho de meu pai." Algumas pessoas acham impossível entendê-la, porque as duas pessoas que existem dentro delas interferem no caminho e nos esforços uma da outra. Quando redijo esta página, uma das duas pessoas dentro de mim fornece-me os *"insights"*; a outra os transforma em palavras, como um pedreiro e seu assistente. Se estou muito ansioso pelo resultado, sufoco o *insight*. Se estou demasiadamente relaxado e confiante, posso me tornar prolixo demais em determinado ponto. Os dois lados devem tentar encontrar um ritmo moderado, adequado a ambos.

Mas o grau de cooperação entre eles depende de um outro fator. Todas as criaturas são parcialmente mecânicas; certas funções foram assumidas por uma espécie de robô ou piloto automático. Este robô não apenas dirige meu carro;

ele também ordena as palavras em minhas sentenças. Como auxiliar é indispensável. Mas se vou passear com meu cachorro, ele se torna um hóspede indesejável, pois eu gostaria de relaxar e apreciar a paisagem, e meu robô ainda está me "dirigindo", da mesma forma como dirige meu carro. Quanto mais complexa se torna minha vida, mais eficiente este robô precisa ser, e mais difícil se torna a tarefa de persuadi-lo a parar de trabalhar para que eu possa apreciar simples e diretamente as coisas. A dependência do homem moderno de álcool, cigarro e drogas é uma tentativa de neutralizar o robô.

Quando relaxamos, experimentamos um senso de realidade; nós efetivamente ouvimos os pássaros e percebemos as árvores. O que o robô enfraquece é nossa *função realidade*. Desta forma, uma cidade moderna está repleta de pessoas que pagaram por sua eficiência — sua capacidade de sobreviver — com um enfraquecimento de seu senso de realidade. Jung sentiu isso de forma muito clara quando viajou à África e à Índia, onde o robô que havia dentro dele pôde diminuir sua vigilância. Mas os olhos de Jung estavam fixos demais nos arquétipos mitológicos para perceberem uma explicação tão simples e óbvia para sua sensação de liberdade e de intensa realidade.

Nestas circunstâncias, é muito fácil para o homem moderno tornar-se neurótico. A sanidade mental depende do senso de realidade, um *feedback* constante entre a mente e o meio. Neste sentido, somos parecidos com aquelas conchas bivalves, que vivem de absorver água e expeli-la novamente. Entretanto, diferentemente do batimento cardíaco, tal função *não* é automática. Logo que nos cansamos ou nos aborrecemos, não hesitamos em desligar a bomba — e nos surpreendemos quando começamos a sentir uma sensação de sufocamento. O homem moderno está constantemente entrando neste estado de não-interação, que tem como resultado uma queda brusca da energia vital. Esta queda, por sua vez, faz com que ele sinta que "não vale a pena o esforço"; assim sendo, deixa a bomba desligada. É como se, efetivamente, tivesse esquecido de respirar. Então, quando surgem problemas que lhe parecem insolúveis, sua vontade de viver pode entrar em colapso. A neurose é uma deterioração da vontade de viver. A psicose é a tentativa da mente de compensar esta vontade de viver deteriorada através da criação de uma "realidade alternativa".

Neste ponto começamos a perceber que ambos, Freud e Jung, haviam compreendido um dado fundamental: o homem possui "dois si-mesmos", e que é a falta de cooperação entre os dois que provoca a enfermidade mental. O *insight* de Freud, como o de Hudson, originou-se da observação da hipnose e da compreensão de que, quando o ego adormece, um não-ego pode tomar seu lugar. Hudson chamava este não-ego de "mente subjetiva", e reconheceu que suas forças eram muito maiores do que as da "mente objetiva". Freud chamou-o de inconsciente; mas não compreendeu — o que Hudson, ao contrário, o fez tão bem — que a mente objetiva é, em última análise, o "chefe". É a parte de nós que reconhece os valores, que gera um senso de propósito, que vê o que deve ser feito, e envia uma mensagem à mente subjetiva, pedindo energia. (A mente subjetiva é responsável por nosso suprimento de energia — o que o teatrólogo Granville Barker chamou de "vida secreta".) É a sua vigilância, sua motivação e determinação, que governam nossa sanidade mental. Percebemos claramente isto, quando nos propomos a fazer alguma coisa com forte determinação. (Esta é a razão pela qual o filósofo Fichte afirmou que o homem apenas se conhece através da ação.) Infelizmente, o homem perde tanto tempo na passividade, ou na repetição de ações, que para ele é fácil se esquecer deste *insight*.

O fato de Freud ter tomado como certo que a mente objetiva não possui qualquer força explica por que sua psicologia foi de caráter essencialmente negativo e pessimista. Segundo ele, a neurose se devia à repressão sexual, e a única forma de curá-la era o analista descobrir esta repressão e trazê-la à luz da consciência. O paciente não era, em hipótese alguma, encorajado a assumir uma atitude positiva com relação a seus problemas. O resultado disto foi que muitos casos de Freud arrastaram-se durante anos e terminaram sem cura (por exemplo, o famoso caso do "Homem dos Lobos").

Jung sentia instintivamente que a visão negativa e passiva de Freud estava errada. Ele havia curado sua mulher "vampiro" dizendo a ela que tinha de descer à Terra e parar de desejar a Lua. Jung entendera também que Janet tenha compreendido a causa fundamental da neurose ao formular seu conceito de "abaixamento do nível mental". Entretanto, para um jovem psiquiatra ambicioso, era muito mais interessante agora uma figura controvertida como Freud, do que Janet, um psiquiatra de meia-idade, bem estabelecido. Assim sendo, Jung sentiu-se atraído pela visão de Freud do "segundo si-mesmo" como um oceano imprescrutável ou como um vasto subterrâneo. Sem dúvida, esta era uma visão mais excitante do que a de Janet; além disso, Jung sentia que herdava a posição de Freud e se tornava o senhor deste romântico e sinistro submundo.

A briga com Freud e o sentimento de culpa do próprio Jung geraram enormes tensões psicológicas. Quando as tensões psicológicas persistem por muito tempo, o resultado é a exaustão, e o desaparecimento da distinção natural entre sonhos e consciência desperta. Jung teve visões mitológicas — Siegfried, Salomé, Filemon — que o convenceram de que, afinal de contas, sua interpretação do inconsciente estava correta. Tais visões significavam, também, que ele criara uma teoria psicológica de "projeções" para explicar a religião, a alquimia, os discos voadores e tudo o que o confundia. Só não explicavam o primeiro caso que ele encontrara — as múltiplas personalidades de sua prima Helly. Mas Jung menosprezou o problema ao assumir que ela não passava de uma jovem fantasiosa, além de mentirosa. Mais tarde, quando encontrou um caso de mediunidade verdadeira (em Rudi Schneider) e reconheceu que os espíritos não são necessariamente "projeções", cuidou para que não fossem revistas suas opiniões a respeito de Helly Preiswerk.

Se, de fato, reconhecemos o "confronto com o inconsciente" de Jung como um estado altamente anormal, no qual o seu "segundo si-mesmo" veio em sua ajuda, reafirmando o que ele tanto precisava, sua teoria das projeções parecerá ainda mais questionável. É impossível conceber qualquer razão para acreditar que centenas de alquimistas, da Grécia e da China antiga até a Europa medieval, experimentaram visões que explicam sua terminologia e suas imagens estranhas. É muito mais provável que os alquimistas estivessem trabalhando dentro de uma tradição mágica (e ciência e mágica eram a mesma coisa no passado), utilizando sua linguagem e suas imagens. O ensaio de Jung sobre Paracelso mostra que ele estava ciente de estar lidando com uma tradição intelectual que lhe era desconhecida; mas a determinação de usá-la para provar sua teoria dos arquétipos e das projeções impediu-o de penetrar o espírito desta tradição.

O caso dos discos voadores oferece um exemplo mais claro do problema. A possibilidade de que a maioria das visões de OVNIs sejam irreais é obviamente remota. Algumas podem ser puras mentiras; outras frutos do pensamento ansioso; outras, enganos honestos; mas continua existindo um certo número de casos — por exemplo, quando todos os passageiros de um avião vêem a nave — para os quais nenhuma destas explicações servirá. A teoria das "projeções" de Jung é muito menos provável do que a hipótese de que alguém tenha visto *alguma coisa* — seja uma aeronave em vôo experimental, um mensageiro de outro planeta, ou um visitante de outra dimensão. Mas a teoria da projeção parecia servir à sua teoria dos arquétipos e dos desejos religiosos inconscientes. Assim sendo, os fatos podiam ser ignorados. Seu livro a respeito de OVNIs é praticamente uma propaganda de sua teoria dos arquétipos, destinada a atingir um público novo e mais numeroso. A entrevista com Lindbergh deixa claro ou que nem mesmo Jung acreditava em sua própria teoria, ou que ele mudara de idéia desde que escrevera o livro. De qualquer maneira, sua opinião foi mantida em segredo. Lindbergh parece ter percebido isto ao notar um elemento de charlatanismo em Jung.

Na Introdução deste livro, salientei que as opiniões de Jung com relação ao paranormal também encerram este elemento de "dupla opinião". O ensaio sobre "Os Fundamentos Psicológicos da Crença em Espíritos" interpreta-os como "complexos autônomos". Sua experiência pessoal com o chalé mal-assombrado, bem como suas sessões com Rudi Schneider, certamente o conscientizaram de que tal explicação era simplesmente inadequada. (O leitor interessado em ter uma idéia do que aconteceu com Schneider deverá remeter-se ao ensaio de Thomas Mann intitulado "Uma Experiência com o Oculto".*) Num cuidadoso pós-escrito a este ensaio, escrito em 1948, Jung tentou explicar seus argumentos. Ele "se confinara única e exclusivamente ao aspecto psicológico do problema, e evitara, propositadamente, a questão da existência de espíritos". Prossegue enunciando uma mentira: que ele nunca tivera qualquer experiência que pudesse provar uma coisa ou outra. O prefácio ao livro de Fanny Moser sobre espíritos revela que ele aceitava sua experiência no chalé como um exemplo verdadeiro da existência de assombração: quando soube que o proprietário fora obrigado a demolir o chalé, "fiquei muito satisfeito, uma vez que meus colegas tinham rido tanto do meu medo de fantasmas". Mas esta introdução não foi impressa ao lado do ensaio "Dos Fundamentos Psicológicos da Crença em Espíritos", no Volume Oito das Obras Completas — onde a contradição seria evidente —, mas no Volume Dezoito, que trata de "variedades".

O problema central é bastante claro: em que medida estas incoerências abalam as conquistas de Jung, como um todo? E tal questão só pode ser respondida dentro de uma perspectiva mais ampla do que ele tentava fazer, e não —

* Discutido em meu livro *O Oculto.*

e isto deve ser enfatizado — do que ele queria que seus colegas acreditassem que estivesse fazendo.

Do ponto de vista de seu temperamento, Jung reunia todas as qualidades para ser um artista, um poeta ou um teólogo. Se o seu pai tivesse sido rico, ele poderia — como os irmãos Mann — ter passado um ano ou mais na Itália, decidindo o que gostaria de ser. Da forma como as coisas ocorreram, ele foi obrigado a escolher a medicina — uma disciplina demasiado rígida para uma pessoa com a originalidade e a ambição de Jung. Como os jovens americanos a quem se dirigiu Horace Greely (*Go west, young man*), seu desejo real era encontrar terreno inexplorado e aventura. Mas a Europa não tinha um Oeste Selvagem; e Jung, para substituí-lo, escolheu a psiquiatria.

Existe algum fundamento na crença de Jung — ou na sua casual reivindicação — de que era um descendente de Goethe. Ele não simpatizava de forma alguma com o materialismo estreito da ciência do séc. XIX. Revendo o passado, parece uma pena que se tenha tornado freudiano, uma vez que isto significava que ele baseara seu trabalho nas premissas de Freud sobre o inconsciente. Não obstante, há que se admitir que como seguidor de Janet ele talvez não tivesse obtido resultados tão extraordinários. Num ensaio sobre Wagner, Thomas Mann cita um dignitário da catedral de Sevilha, que teria dito ao arquiteto: "Construa-me uma catedral tão grande, que faça com que as pessoas, no futuro, digam: o cabido devia estar louco ao construir uma coisa tão grande..." Mann salienta que o séc. XIX foi marcado por este espírito de gigantismo heróico: *A Comédia Humana*, de Balzac, o sistema hegeliano, o ciclo Rougon Macquart, de Zola, o *Anel*, de Wagner, *Guerra e Paz*, de Tolstói. A simpatia de Jung estava totalmente voltada para este gigantismo heróico. Sua psicologia compõe-se do mesmo material mitológico que o *Anel*, de Wagner.

Seu principal *insight* foi o mesmo de Hudson: que as enormes forças da "mente subjetiva" podem ser utilizadas tanto para propósitos negativos como para positivos. Embora insistisse em que seu interesse pela religião era puramente "psicológico" (uma afirmação que parece absurda à luz de *Resposta a Jó*), o pressuposto básico de sua obra era idêntico ao de todas as grandes religiões: de que o universo está repleto de significado, de que estamos rodeados de poderes e forças que não conseguimos ver, e de que o homem pode transcender a "trivialidade do cotidiano", se tentar abrir sua mente e seus sentidos a estes significados e forças.

A visão negativa de Freud sobre o inconsciente invalida grande parte de seu trabalho; é bem provável que no futuro sua psicologia seja vista apenas como uma curiosidade intelectual, à semelhança do que ocorre com a teoria flogista da combustão, ou com a crença de Hoerbiger de que a Lua é uma grande massa de gelo. Muitos psicólogos concordariam agora em que a teoria sexual não pode ser considerada como "comprovada cientificamente". Os arquétipos e o inconsciente coletivo de Jung encontram-se na mesma posição duvidosa. Mas Jung vê o inconsciente como uma enorme fonte de forças vitais. O autor de um recente livro a respeito dele* salientou as semelhanças entre Jung e Abraham Maslow, cuja psicologia baseia-se na noção de "extensões mais elevadas da natureza humana", e cujo maior interesse era a "experiência de pico" — a sensação de uma súbita afirmação — e não as neuroses. Não há dúvidas de que a *Weltanschauung* de Jung está repleta de um enorme senso de otimismo e das possibilidades da evolução humana.

Sem dúvida, seu principal conceito é a individuação, que significa "indivisibilidade". Em *Resposta a Jó* encontra-se o importante comentário: "Quanto mais consciente for o homem, mais separado ele estará de seus instintos (o que pelo menos lhe propicia uma vaga noção da sabedoria oculta de Deus) e mais propenso ele será ao erro." O problema do homem é que, à medida que sua consciência evoluiu, ele se separou de seu inconsciente, que contém vagas

* John-Raphael Staude: *The Aduet Development of C. G. Jung* (1981).

noções dos propósitos e objetivos de Deus. A resposta está em a consciência tentar entrar em contato com o inconsciente — de fato, num plano ideal, de ter livre acesso a ele. Desde logo Jung descobriu que a prática de meditação é uma forma de se obter este contato, e a experiência na África mostrou-lhe que o homem, "relaxando", pode penetrar seu inconsciente através do reconhecimento do lado obscuro de sua natureza.

Não obstante, embora Jung tentasse criar uma visão dinâmica e positiva da psique para substituir o modelo passivo e negativo de Freud, sua formação freudiana dificultou-lhe a tarefa de enfatizar a noção do esforço consciente. Ao final de sua vida. E. H. Philip dirigiu-lhe a seguinte pergunta: "Você não estaria depreciando o consciente através de uma supervalorização do inconsciente?" — ao que Jung respondeu decisivamente: "Eu nunca tive a intenção de depreciar o consciente ao insistir na importância do inconsciente. Se tal intenção me é atribuída, ela se deve a uma espécie de ilusão de ótica." Os leitores de *Símbolos da Transformação,* ou mesmo de *Aion,* devem ter balançado suas cabeças em sinal de total descrença. Mas pelo menos Jung revela até que ponto ele reconhece a importância do consciente — e, conseqüentemente, por implicação, de seu poder de tomar decisões. "Na verdade, a ênfase reside no consciente enquanto *conditio sine quan non* para a percepção de conteúdos inconscientes, e enquanto *árbitro supremo* (o grifo é meu) no caos das possibilidades inconscientes. Meu livro sobre os *tipos* é um estudo cuidadoso da estrutura empírica do consciente. Se tivéssemos um consciente inferior, todos seríamos loucos. O ego e a consciência do ego são de suma importância."

Entretanto, cerca de vinte e cinco anos antes, em seu comentário ao *Segredo da Flor de Ouro,* Jung escrevera: "Algumas vezes observei, na prática, um paciente ir além de si mesmo por causa de potencialidades desconhecidas. . . O que estas pessoas faziam para conseguir a evolução que as libertava? Pelo que pude observar, nada faziam (*wu wei*), além de deixar que as coisas acontecessem." Novamente, no segundo dos dois ensaios sobre psicologia analítica (Volume Sete das Obras Completas), há um capítulo que versa sobre a individuação, no qual Jung a identifica com a auto-realização. Mas é claro que ele considera a auto-realização com algo que se origina no inconsciente. Fala, por exemplo, de pessoas preguiçosas que acabaram tornando-se neuróticas, e diz: "Graças à neurose tramada pelo inconsciente, elas são arrancadas de sua apatia. . ." Um parágrafo adiante ele escreve: "Uma vez que é altamente provável que estejamos longe de atingir o ápice da consciência absoluta, presume-se que cada um seja capaz de ampliar sua consciência; assim, podemos admitir que os processos inconscientes constantemente nos fornecem conteúdos que, se reconhecidos conscientemente, ampliariam o alcance da consciência."

Tal afirmação deixa claro que, para Jung, o trabalho de individuação — auto-realização — consiste basicamente em "ouvir a voz" do inconsciente, que tenta nos empurrar para a auto-realização. Assim, no lugar do inconsciente negativo de Freud, que gera tantas neuroses, temos um consciente positivo tentando elaborar uma forma de nos salvar. É uma noção agradável; mas Hudson teria dito a Jung que ele estava superestimando a mente subjetiva. A mente subjetiva pode ser muito mais poderosa do que sua companheira objetiva; neste casamento específico, porém, ela é o elemento passivo. Ela colocará suas enormes forças e energias à disposição da mente objetiva — se a mente objetiva exigi-las com suficiente autoridade —, mas raramente tomará a iniciativa. A hipnose traz resultados satisfatórios porque a mente subjetiva gosta de obedecer à voz autoritária do hipnotizador. Ela apenas obedecerá de bom grado à mente objetiva, se a ordem for dada com suficiente convicção. Entretanto, muitas pessoas possuem a noção errônea de que o ego é passivo, que sua função é sofrer e aceitar a experiência, mais do que tomar a iniciativa de gerá-la. Comparemos as duas a um casal em que a mulher, educada para acreditar que deve ser dócil e obediente, é dotada de muitas energias e potencialidades acumulas, e o marido é um homem fraco e passivo. Neste caso, o fato de o marido nunca exigir que ela explore seus enormes recursos faz com que ela fracasse na obtenção de qualquer nível de auto-realização. A resposta para o problema não está em a mulher abandonar o marido e tentar seguir "seu próprio caminho", mas em o marido reconhecer que ele pode ganhar nova vida, superando sua fraqueza e preguiça. Ambos podem transformar suas vidas.

Analisemos mais atentamente o conceito de individuação. Por que Jung a considera um processo passivo? Porque a vê como um fluxo do inconsciente para o consciente. Ela *tem* que se processar mais ou menos desta maneira, pois o consciente não pode, por assim dizer, descer uma escada que o leve ao inconsciente. E este parece ser um dos problemas fundamentais. A resposta de Jung consiste em se criar as condições certas (tal como a África e a Índia as haviam criado para ele), ou (no caso de pacientes) em tentar tirar os problemas do inconsciente através dos métodos usuais da psicanálise. O terapeuta é, por assim dizer, a parteira do inconsciente.

O assunto pode ser esclarecido se, ao invés de falarmos de consciente e inconsciente, nos remetermos à terminologia de Hudson de mente objetiva e subjetiva — ou aos hemisférios cerebrais esquerdo e direito, que parecem manter com elas uma estreita relação. Quando Sperry fazia seus primeiros experimentos na fisiologia dos indivíduos de hemisférios cerebrais isolados, descobriu que um animal com os hemisférios cerebrais isolados não é capaz de transferir para a outra metade do cérebro algo que acabou de aprender — assim, um gato com hemisférios cerebrais divididos, que aprendera a pressionar uma barra para ganhar alimento, com um dos olhos vendados, era incapaz de repetir a mesma façanha com o outro olho vendado. A função da comissura entre as duas metades cerebrais é transferir tal informação para a outra metade cerebral. Assim sendo, *existe* um mecanismo de comunicação, que Jung chamou de processo de individuação.

Mas trata-se de um mecanismo tão ineficiente que, para todos os efeitos práticos, todos somos pacientes com hemisférios cerebrais divididos. Em *Biographia Literaria,* Coleridge cita o extraordinário caso de uma servente ignorante que, quando delirava, falava hebreu. Finalmente se descobriu que, quando menina, ela vivera na casa de um clérigo que andava pela casa recitando a Bíblia em hebreu. Conscientemente, ela nunca entendia uma palavra sequer do idioma, mas sua mente subjetiva havia armazenado tudo o que ela ouvira.

Assim, a mente subjetiva contém *tudo* o que vimos, ouvimos e vivenciamos. E ela nos fornecerá, sob certas circunstâncias, todas as informações que solicitarmos. Tento me lembrar de um nome ou de uma melodia e não consigo. Paro de tentar e de repente ela "me vem à cabeça" — quer dizer, à minha mente objetiva, tendo sido enviada pela mente subjetiva. Digo a mim mesmo que preciso me levantar às seis e meia da manhã, mas não tenho um despertador; minha mente subjetiva me acorda exatamente às seis e meia.

Além disso, quando minha mente objetiva é adormecida por um hipnotizador, minha mente subjetiva fornecerá todas as informações que lhe forem pedidas. Ela só precisa ser inquerida de maneira adequada.

A mente subjetiva possui outro truque interessante. Uma melodia, um aroma, ou ainda algumas palavras, podem subitamente trazer de volta algum fragmento de meu passado com tal vividez, que por um momento me encontro de novo no "esconderijo" de galhos que construí aos oito anos, ou mudando de classe na escola quando tinha doze anos. Proust baseou suas extensas novelas nesses *flashes* — lampejos do passado. Em meu livro *The Ocult,* empreguei o termo "Faculdade X" para designar esta habilidade de evocar a *realidade* de algum outro tempo ou lugar. A noção junguiana de individuação possui uma estreita relação com a Faculdade X.

Reformulando a pergunta, é possível *induzir* !ampejos da Faculdade X, ou temos que esperar pacientemente pelo seu irrompimento? Maslow colocou uma questão semelhante quando perguntou se seria possível induzir a "experiência de pico"; concluiu que a resposta era Não: temos que esperar que ela aconteça.

Entretanto, consideremos mais atentamente o mecanismo dessas experiências. Em *O Iidiota,* Dostoievski descreve os sentimentos de um homem diante de um pelotão de fuzilamento. Ele está fascinado por um campanário que reluz como ouro à luz do sol, e sente que dentro de alguns momentos se unirá aos raios de luz. Imagina o que aconteceria se sua execução fosse adiada (como de fato é), e pensa: "Que eternidade de dias, e todos meus! Como eu me apegaria a eles, e contaria cada minuto, como se não quisesse perder um só instante!" O assassino Raskolnikov tem um *insight* semelhante em *Crime e Castigo,* quando pensa que preferiria ficar para sempre de pé sobre uma barra estreita, em meio a tempestade e trevas sem fim, a ser condenado a morrer imediatamente.

A crise subitamente conscientiza os seres humanos da *função* da consciência. Seu propósito é *controlar* nossas vidas. Pouco antes de sua execução ser adiada, o prisioneiro percebe que se isso acontecesse, ele nunca mais perderia um instante sequer.

Tal noção nos permite entender perfeitamente o que há de errado com o homem neste estágio de sua evolução. Ele *desperdiça* consciência ao se deixar levar, passivamente, pela vida afora. A civilização nos separou de nosso profundo e instintivo desejo de viver; corroeu nossa "função realidade". Como Jung soube reconhecer, o homem desenvolveu-se muito rapidamente, e a consciência tem sido arrastada a uma distância muito grande do profundo conhecimento do inconsciente. Assim, como um exército, cujo comboio de carga tenha trombado em um terreno que há muito ficou para trás, somos altamente vulneráveis.

Simplificando, diríamos que o problema reside no fato de a consciência ainda ser fraca demais. As crises e os problemas galvanizam em nós um senso de valor, e faz com que percebamos o quanto *deveríamos* estar lutando. Mas no momento que a crise fica para trás, *esquecemo-nos deste insight*, e nos agarramos novamente a um vago estado de não-expectativa, "vivendo no presente" e permitindo que toda nossa energia vital, nossa tensão psicológica, se esgote. Pequenos obstáculos tornam-se, então, grandes montanhas. Esta é a razão pela qual o homem moderno está tão propenso à neurose. Seu ego é "hipnotizado" pelas trivialidades do presente e seu "nível" vital decai. Em tal estado, ele se convence de que é fraco e indefeso — embora possua, na verdade, uma enorme força, que deveria responder ao primeiro sinal de crise.

William James compreendera o problema quando escreveu que o homem moderno precisa encontrar o "equivalente moral para a guerra". Em um ensaio intitulado "As Energias do Homem", ele formula a questão com incomparável clareza:

> Comparados ao que deveríamos ser, estamos apenas semidespertos. Nossas chamas se extinguem, nossas correntes se estancam. Fazemos uso de apenas uma pequena parcela de nossos recursos físicos e mentais. Em algumas pessoas, esta sensação de estar sendo separada de seus recursos legítimos é extremada; surgem, então, as terríveis condições neurastênicas e psicastênicas, e a vida se transforma em uma teia de impossibilidades, descrita em tantos livros de medicina.
>
> Generalizando o problema, o indivíduo humano, via de regra, vive muito aquém de seus limites; ele possui forças de vários tipos, que habitualmente deixa de usar. Suas energias situam-se abaixo do máximo e seu comportamento fica abaixo do seu desempenho ideal.

Como pode o homem escapar a esta armadilha e libertar suas "reservas vitais"? A resposta de James é que "a abertura normal de níveis de energia cada vez mais profundos é a vontade". "A excitação, as idéias e os esforços, numa palavra, são o que nos ajuda a transpor o dique." Não obstante, James teve de admitir que não poderia efetivamente sugerir um "equivalente moral para a guerra" que pudesse levar todos os homens a explorarem ao máximo suas energias.

Podemos dizer que Jung assumiu o problema do ponto em que James havia parado. Também começou reconhecendo que o homem possui imensas fontes de força, das quais normalmente não tem consciência. E a solução de Jung para o problema foi devotar toda sua vida dispensando especial atenção a estas fontes. Jung abandonou sua formação freudiana e apresentou uma nova e vital imagem da psique. Seu objetivo, poderíamos dizer, era dirigir a atenção do homem para o interior. O filósofo David Hume protestou, dizendo que quando voltava o olhar para seu interior, tudo o que percebia eram idéias e emoções, um "fluxo de consciência" fluindo infinita e automaticamente. A resposta de Jung foi a seguinte: "Olhe mais para o fundo ainda." Force os olhos para o reino dos sonhos e dos símbolos até que eles se habituem à escuridão. Pouco a pouco, o ego consciente ficará sabendo que não está sozinho, que possui um companheiro ainda mais poderoso. O homem começará a ver sua própria força. O processo de individuação terá início, como uma transformação alquímica. O que finalmente aparecerá é a pedra filosofal.

Levantemos uma questão que Jung não coloca: qual seria a sensação de se experimentar a individuação? O que aconteceria se a mente consciente tivesse livre acesso ao inconsciente, se a mente objetiva pudesse explorar, a seu bel-prazer, a mente subjetiva?

Significaria, para começar, que as enormes forças da mente subjetiva tornar-se-iam acessíveis ao ego. A mente objetiva contém, por exemplo, todas as lembranças de uma vida. Por ser a consciência tão estreita, estamos presos em uma minúscula cela de prisão do presente. Assim, nossa visão de nós mesmos também é restrita e limitada. Quando o herói de Proust provou o bolo molhado no chá, disse: "Parei de me sentir medíocre, acidental, mortal." Fausto, a ponto de suicidar-se, é chamado de volta à vida pelos sinos da Páscoa, e lembra-se de que, em sua infância,

> Uma vontade inacreditavelmente doce
> Levou-me a vagar por florestas e prados,
> Chorando, e enquanto meus olhos queimavam,
> Sentia que um mundo novo crescia dentro de mim.

O que vislumbramos nestes momentos é que se a consciência pudesse mover-se para além de seus limites normais, poderíamos facilmente experimentar uma espécie de reação em cadeia que nos conduziria a um êxtase místico. O prazer, o senso de significado, de outras realidades, outros tempos e lugares, libera uma imensa onda de otimismo e propósito. Esta, por sua vez, é suficiente para nos erguer permanentemente a um nível superior de pulsão vital e determinação — pois, como um homem que viu o céu, nada menos do que isto pode agora nos satisfazer.

Mas existem ainda as outras forças da mente subjetiva: seus poderes aparentemente paranormais, seu poder de cura e de renovação do corpo, sua habilidade de induzir sincronicidades, suas insondáveis forças criativas. Ao que parece, todas existem para serem solicitadas; basta que iniciemos uma reação em cadeia através de um imenso esforço de vontade e otimismo — ou, como sugere Jung, induzindo o inconsciente a imprimir este esforço.

Esta é a essência da visão de Jung, o modo como ele vê a pedra filosofal. Cabe reconhecer, naturalmente, que o próprio Jung não conseguiu obter a pedra filosofal, e isto provavelmente se deve ao fato de sua vida ter sido um tanto confortável demais, e porque ele estava acostumado, talvez um pouco demais, a seguir seu próprio caminho. Diríamos que o aspecto crucial nunca foi suficientemente aquecido. Isto não significa denegrir suas formidáveis conquistas; significa apenas reconhecer um elemento sobre o qual ele deixou de colocar a devida ênfase: o esforço consciente.

Mas, afinal, julgamos a genialidade de um homem pelo seu *insight* fundamental. O *insight* fundamental de Jung foi uma evolução da visão de sua juventude, e uma mensagem de esperança para os homens. Ele conseguiu o que se propôs conseguir: um epitáfio suficientemente decente para qualquer homem.

APÊNDICE

Imaginação ativa

A imaginação ativa é certamente um dos mais interessantes e excitantes conceitos criados por Jung. Entretanto, quem desejar conhecê-lo melhor perderá seu tempo se o procurar nas Obras Completas; O Índice Geral enumera algumas dezenas de referências, mas a maioria delas não passa de menções de passagem. A primeira — e talvez a mais completa — descrição do método está no ensaio "A Função Transcendente", escrito em 1916; nele, porém, Jung nem mesmo chega a usar esta denominação. Além disso, o ensaio ficou arquivado até o dia que alguém lhe solicitou uma contribuição para uma revista de estudantes, em 1957. O ensaio aparece no Volume Oito das Obras Completas, precedido da seguinte advertência: "O método é... não sem apresentar seus riscos, e, se possível, não deveria ser empregado sem a supervisão de um especialista."

Mas se o método é tão eficaz como pretende Jung em sua autobiografia, tais riscos não deveriam ser levados tão a sério. Afinal, *se* a imaginação ativa realmente funciona, Jung conseguiu resolver um problema que atormentou inúmeros *outsiders* do séc. XIX, e deu à humanidade uma chave vital para sua evolução futura. Em uma carta de 1871, Rimbaud escreveu sobre a necessidade do poeta de induzir visões: "Digo que se deve ser um *visionário* — que é preciso tornar-se um VISIONÁRIO." E prossegue: "O poeta se torna um *visionário* através de uma longa, imensa e refletida *desordenação de todos os sentidos.* Ele busca todas as formas de amor, de sofrimento, de loucura..." E em *Uma Temporada no Inferno*, diz ter conseguido induzir essa desordenação: "Acostumei-me à simples alucinação; eu realmente via uma mesquita em lugar de uma fábrica, anjos tocando tambores, carruagens nas estradas do céu; uma sala de visitas no fundo de um lago, monstros, mistérios...".

Assim, podemos ver que se trata do velho anseio romântico por milagres, maravilhas e êxtases, o anseio expresso no próprio título dos *Contos de Mistério e Imaginação*, de Poe. Tal anseio nós o encontramos nas obscuras e enevoadas paisagens de Novalis e Tieck, nas excentricidades de Hoffmann e Jean Paul, nos horrores de Poe e Sheridan Le Fanu, nas nobres visões dos pré-rafaelistas, nas imagens eróticas de Aubrey Beardsley (e foi Beardsley quem assombrou os leitores do *Yellow Book* com a imagem de um piano de cauda em um campo) e nas táticas chocantes dos surrealistas e dadaístas. Tudo isto parece equivaler à tentativa de Yeats de "escapar da imunda fábrica de trapos e ossos do coração" através de uma espécie de escada de pensamento ansioso. Evidentemente, se Jung tivesse realmente criado uma técnica empregável de "se fazer um visionário" e de ver anjos tocando tambores e salas de estar no fundo de um lago, só isto o teria qualificado como uma das mais significativas figuras de nosso século.

Foi somente em sua autobiografia que Jung deixou claro, pela primeira vez, o modo como ele percebeu a existência da imaginação criativa: o modo como o rompimento com Freud o levou à beira de um total colapso nervoso, possibilitando-lhe vislumbrar os delírios sofridos por pacientes psicóticos. Jung teve sorte ao constatar que a visão da Europa mergulhada em sangue se concretizou no ano seguinte; isto o fez compreender que uma "ilusão" não é, necessariamente, inverídica. "Vejo demais, e profundo demais", diz o herói *Outsider* do *L'Enfer*, de Barbusse; e era precisamente isto o que acontecia a Jung.

Quando a mente está sob este enorme estado de tensão, sua tendência natural é opor uma intensa resistência. Jung reconheceu que estava na mesma posição de Nietzsche e Hölderlin, e que, como eles, iria perder sua sanidade; o resultado foi uma firme determinação em "não se soltar". Então, em dezembro de 1913, sentado à sua escrivaninha em estado de tumulto e pessimismo, subitamente decidiu "soltar-se" e ver o que aconteceria. O resultado não foi uma desagregação total: foi o surpreendente reconhecimento de que a força que tentava fazer com que ele se soltasse era um estranho que habitava o interior de sua própria cabeça, e que esse estranho tinha o perfeito controle da situação. Tratava-se de um surpreendente reconhecimento do "aliado oculto". Usando a terminologia de Hudson, o que ocorria era que a "mente subjetiva" dizia à "mente objetiva": "Olhe, pelo amor de Deus, pare de lutar para manter esta cortina de ferro entre nós; você está desperdiçando suas forças ao lutar contra você mesma." Tal afirmação poderia ser comparada a uma esposa dizendo a seu marido que está exausto de dirigir: "Vá para o banco de trás, tire uma soneca, enquanto eu dirijo." Jung foi bastante sensível para abandonar a direção, e o resultado foi o "sonho acordado" da caverna com o cadáver de Siegfried.

Num livro intitulado *Access to Juner Worlds (Acesso a Mundos Interiores),* descrevi uma experiência semelhante de um americano que vivia na Finlândia, Brad Absetz. Depois da morte de seu filho, vítima de câncer, sua esposa entrou em forte depressão. Costumava ficar horas deitada na cama, mergulhada em fantasias negativas e sentimentos de culpa; Brad Absetz deitava-se ao lado dela, esperando que acordasse, para poder ajudá-la. Ele ficava em estado de alerta, esperando pelo mais leve sinal de que ela estava "voltando a si"; ao mesmo tempo, mantinha-se fisicamente relaxado. Certo dia, enquanto estava ali deitado, experimentou uma enorme sensação de leveza e alívio, como se flutuasse sobre a cama. Este era o seu equivalente para o "soltar-se" de Jung. E o que aconteceu foi que aquela "outra pessoa" dentro dele começou a se manifestar. De pé ao lado do bufê, procurando alguma coisa para comer, Brad sentiu que seu braço começava a formigar; ele reconheceu essa sensação como um sinal daquela "outra pessoa", e deixou que ela escolhesse a comida que desejasse comer. Ela apanhou algumas coisas que ele normalmente não comeria. Tal situação se prolongou por semanas, e em pouco tempo ele tinha perdido peso e sentia-se mais saudável do que nunca. Certo dia, sua filha menor pediu que ele lhe fizesse alguns desenhos com lápis de cera coloridos; novamente, sua mão começou a formigar e ele deixou que o "outro" fizesse o que bem entendesse. O resultado foi uma surpreendente série de desenhos e pinturas, padrões incrivelmente "psicodélicos", cada um deles sendo totalmente diferente dos demais. Seu "outro si-mesmo" assumiu a liderança e passou a escrever poesias, enquanto Brad apenas observava o que acontecia; o "outro si-mesmo" fazia esculturas em metal, e desempenhava as tarefas do dia-a-dia — como a apicultura — de uma forma tão simples, tão ritualística, que Brad ganhou uma nova vitalidade. No parlamento da mente de Brad, fora dada a palavra ao Membro do Inconsciente, e o resultado foi uma vida mais harmoniosa e relaxada, em todos os sentidos. Ele havia, em sentido lato, alcançado a "individuação".

Brad Absetz não corria perigo de insanidade quando "soltou-se", mas estava sob forte tensão. Sua mente subjetiva, a quem permitiu fazer o que bem quisesse, mostrou-lhe a saída para o impasse. (O método — de deitar totalmente relaxado, mas em estado de semivigilância — pode ser considerado a mais simples e a mais efetiva de todas as terapias mentais.)

Em 1913, Jung encontrava-se em um estado ainda pior; assim, quando resolveu "soltar-se", as forças plasticizantes da mente subjetiva fluíram para o consciente. O resultado disso ele chamou de "imaginação ativa"; entretanto, podemos ver que não se tratava de imaginação no sentido corrente da palavra: a evocação deliberada de imagens ou estados mentais. Jung conseguira obter um *novo equilíbrio* entre o ego e o inconsciente, no qual o inconsciente foi reconhecido como um igual. Isto explica a razão pela qual, daí por diante, Jung freqüentemente teve "visões", como a do Cristo crucificado aos pés de sua cama.

A esta altura podemos ver a diferença entre o conceito de imaginação ativa de Jung e o de Rimbaud. Rimbaud *falava* de entrega ao sofrimento e à loucura; na verdade, porém, seu ego permanecia responsável por ela. Ele tentou uma "refletida desordenação dos sentidos" através de drogas e de álcool, mas uma vez que possuía um ego forte, estes recursos não lhe permitiram a individuação, nem o "acesso a mundos interiores". (Sinto-me inclinado a considerar sua afirmação de que estava acostumado a ver mesquitas ao invés de fábricas, etc., como pensamento ansioso, licença poética.) A verdadeira "ruptura" tende a ocorrer em momentos de desespero, ou sob extrema tensão, e é uma espécie de entrega inspirada. (Ramakrishna conseguiu uma ruptura semelhante quando tentou suicídio com uma espada e foi desarmado pela visão da Divina Mãe.)

Agora podemos começar a ver por que Jung falava tão pouco a respeito de imaginação ativa, embora a considerasse a chave para a "individuação". Muito pouco havia para ser dito. No ensaio "A Função Transcendente", ele escreve: "*Na própria intensidade do distúrbio emocional está o valor, a energia que ele deveria ter a seu dispor para restabelecer o estado*. . ." E acrescenta: "Nada se consegue se tal estado for reprimido ou desvalorizado pelo racional." Em outras palavras, o paciente que sofre de forte tensão mental está idealmente em condições de desenvolver imaginação ativa.

Seguem-se as instruções de Jung:

> Portanto, para se apossar da energia que está em lugar errado, deve-se tomar o estado emocional como

> a base ou o ponto de partida do processo. É preciso que se conheça, tanto quanto possível, o estado de espírito em que se está, e é preciso abandonar-se a ele sem reservas, anotando em uma folha de papel todas as fantasias ou outras associações que virem à baila. Deve-se permitir que a fantasia aja da forma mais livre possível, sem, contudo, deixá-la ultrapassar a órbita de seu objeto... através do desencadeamento de uma espécie de processo de "reação em cadeia". Esta "associação livre", como Freud a chamava, conduz, para além do objeto, a todos os tipos de complexos...

Jung faz uma advertência semelhante na introdução que escreveu para o ensaio, em 1958: "Um dos menores riscos [que o método apresenta] é que [ele] pode não levar a um resultado positivo, uma vez que facilmente passa pelas chamadas "associações livres" de Freud, em conseqüência do que o paciente cai prisioneiro do círculo estéril de seus próprios complexos..." Podemos ver, então, que se Brad Absetz tivesse deitado na cama "fazendo livres associações", ele nunca teria conseguido a ruptura; o importante era combinar o total relaxamento com a *vigilância* e o alerta mentais. "O processo todo", diz Jung, "é uma espécie de enriquecimento e clarificação do afeto (um poderoso estado de sentimento), através da qual o afeto e seus conteúdos se aproximam do consciente." Em alguns casos, o paciente pode efetivamente *ouvir* a "outra voz" como uma alucinação auditiva — um comentário que convencerá os psicólogos especialistas em indivíduos com hemisférios cerebrais isolados de que Jung está falando dos hemisférios cerebrais esquerdo e direito.

Tudo isto pode levar os leitores esperançosos de aprender a praticar a imaginação ativa a se sentirem levemente frustrados. Vejamos se o assunto pode ser melhor elucidado.

A essência da experiência original de Jung — de "sonhar acordado" — foi o *reconhecimento* da realidade do "aliado oculto". O "soltar-se" que acabou por revelar este aliado foi um processo antes assustador — como o de se deixar cair para trás na esperança de que alguém nos ampare (uma brincadeira que muitos de nós já fizemos na infância). Quando sabemos que *existe* alguém esperando para nos amparar, o medo desaparece e se transforma em uma sensação de confiança e segurança.

Poderíamos dizer, então, que o ponto de partida correto para a imaginação ativa é o reconhecimento de que *existe* alguém atrás de nós. Num extraordinário livre intitulado *The Secret Science at Works (A Ciência Secreta em Ação),* Max Freedom Long descreve seus próprios métodos — baseados naqueles empregados pelos hunas do Havaí — para contatar o "aliado oculto" (que ele chama de "baixo si-mesmo"); o grupo de Long começou a se referir ao "outro si-mesmo" como George, e descobriu que ele podia tomar parte em um diálogo (e também podia responder perguntas por meio de um pêndulo).

Uma vez reconhecida a *real existência* do "outro si-mesmo", o passo seguinte é estimulá-lo a se manifestar. Em uma carta de 1947, Jung explicou sua técnica a uma certa Sra. O:

> Você deve começar com qualquer imagem; por exemplo, apenas com aquela massa amarela de seu sonho. Contemple-a e observe cuidadosamente como a figura começa a se desdobrar ou a se modificar. Não tente transformá-la em alguma coisa; nada faça além de observar suas mudanças espontâneas. Qualquer imagem mental que você contemplar desta forma se transformará, mais cedo ou mais tarde, em uma associação espontânea que produz uma pequena alteração da imagem... Atenha-se àquela imagem que você escolheu e aguarde até que ela se altere por si mesma. Anote todas estas mudanças; finalmente, entre você mesma na imagem; caso se trate de uma figura que fale... diga o que tem a dizer e ouça o que ele ou ela tem a dizer.

Em suas conferências em Tavistock, de 1935 (*Obras Completas,* Vol. 18), Jung cita um exemplo de como um de seus pacientes finalmente conseguiu obter "a frio", por assim dizer, a imaginação ativa. O paciente era um jovem artista que parecia achar praticamente impossível entender o que Jung queria dizer com seu conceito de imaginação ativa. "O cérebro desse homem estava sempre trabalhando por si mesmo"; quer dizer, seu ego artístico jamais deixaria a posição de condutor. Mas toda vez que o artista vinha ver Jung, ele aguardava sua vez em um pequeno recinto, e olhava para um cartaz que fazia propaganda de Mürren, na região alpina de Berna; a gravura mostrava uma cachoeira, uma verde campina e uma colina com vacas. O jovem resolveu começar a "fantasiar" a respeito do cartaz. Fitou-o e imaginou que estava na campina; em seguida, imaginou subir a colina. É provável que ele estivesse particularmente relaxado naquele dia, ou talvez sua imaginação artística tivesse vindo em seu auxílio ao invés de obstruí-lo. (Podemos imaginar seu hemisfério cerebral direito dizendo: "Bem, *isto* é o que você queria! Por que você não admite? ") O jovem passou, então, a ter um sonho acordado. Viu-se passeando por uma vereda do outro lado da colina, ao longo de uma garganta e de um grande rochedo; em seguida, entrou em uma pequena capela. Ao olhar para o rosto da Virgem no altar, alguma coisa de orelhas pontudas desapareceu atrás do altar. O jovem pensou: "Isto tudo é um absurdo", e a fantasia desapareceu.

Ocorreu-lhe, então, um pensamento importante: talvez aquilo não fosse fantasia — talvez estivesse realmente ali. Agora, provavelmente no trem, fechou os olhos e evocou novamente a cena. Novamente entrou na capela e a coisa de orelhas pontudas saltou para detrás do altar. Foi o suficiente para ele se convencer de que o que vira não fora uma simples fantasia, mas o autêntico vislumbre de uma *realidade objetiva* dentro de sua própria cabeça, "acesso a mundos interiores". Isto, diz Jung, foi o início de uma evolução bem-sucedida do processo de imaginação ativa.

O que se torna bastante evidente aqui é o fato de existir um certo "momento crucial", e que este é o momento em que o sujeito subitamente compreende que não se trata de simples fantasia pessoal, mas que ele está lidando com uma realidade objetiva — a realidade com que ocasionalmente nos deparamos em sonhos, quando algum lugar nos parece absolutamente real.

O procedimento básico parece ser o seguinte: deite-se em silêncio — como Brad Absetz o fez — e procure relaxar completamente, mantendo-se, contudo, absolutamente alerta. Seu estado de espírito deve ser o de *ouvinte*, esperando que "George" fale. Em outras palavras: considere ponto pacífico o fato de que *existe* alguém ali, pronto a se comunicar; diga-lhe para ir em frente e dizê-lo. Se o que ele "disser" for uma imagem, contemple-a como se contemplasse um quadro em uma galeria de arte e peça-lhe, por assim dizer, para prosseguir.

O livro de Julian Jaynes, *The Origin of Consciousness in the Breakdown of The Bicameral Mind (A Origem da Consciência no Colapso da Mente Bicameral)*, pode ser considerado um acessório útil na busca do "momento crucial". Jaynes acredita que nossos remotos ancestrais, que viveram há cerca de quatro mil anos, não possuíam "consciência de si", no sentido daquela que possuímos; eles não eram capazes de decidir o que fazer através de um "questionamento de si mesmos", porque suas mentes eram voltadas para fora, por assim dizer. Suas decisões eram tomadas por "vozes" que lhes vinham à cabeça, e que eles confundiam com as vozes dos deuses; na verdade, tratava-se do outro hemisfério cerebral, o "outro si-mesmo". Mais tarde, acredita Jaynes, a guerra e os momentos de crise forçaram o homem a desenvolver a autopercepção, de sorte a poder prescindir das alucinações auditivas.

Tal teoria pode ser contestada com base no fato de o homem moderno *ainda* ser "bicameral" (possuir duas mentes), e no fato de, conseqüentemente, parecer mais provável que o homem antigo fosse "unicameral", vivendo em um estado de unidade "instintiva" e relaxada com a Natureza, como uma vaca. Tal objeção, porém, não altera em termos reais a substância da teoria, que se origina do reconhecimento científico de que efetivamente possuímos um "segundo si-mesmo" no cérebro, e que milhares de pessoas o percebem através de alucinações auditivas e visuais — as quais Jung chamava de "projeções".

Em seu livro *Encounters with the Soul: Active Imagination (Encontros com a Alma: Imaginação Ativa),* a psicoterapeuta junguiana Barbara Hannah insiste no fato de que os encontros do homem antigo com "Deus" (como no Velho Testamento, por exemplo) eram instâncias da imaginação ativa, ou seja, da ação da "mente bicameral". Cita dois exemplos altamente convincentes do "método auditivo de imaginação ativa", ocorridos nos anos 2200 a.C. e 1200 d.C., e então reedita um importante documento moderno, o relatório sobre uma paciente chamada Anna Marjula, que fora curada através da prática da imaginação ativa. O caso ajuda a esclarecer o que Jung entendia por imaginação ativa.

Anna Marjula era filha de um advogado, e Jung pensava que a origem de sua neurose pudesse ser sexual — a garota vira seu pai masturbando-se quando era pequena; mais tarde, o pai revelou que tinha um certo interesse físico por sua filha. Criança tímida, nervosa, atormentada por sentimentos de inferioridade, a morte da mãe fora para ela uma experiência terrível. Dotada de grande sensibilidade musical, queria se tornar uma pianista. Estudando para seu exame, aos vinte e um anos, ficou hipertensa e espiritualmente esgotada. Na noite anterior ao exame, teve uma "visão". Uma voz disse-lhe para sacrificar a ambição e preparar-se para aceitar o fracasso. (Podemos ver que este foi o melhor conselho que sua mente subjetiva lhe poderia ter dado.) Sua disposição em aceitar um possível fracasso gerou um êxtase religioso; a esta altura, a "voz" disse-lhe que ela não estava destinada a se tornar famosa, mas que sua real vocação era tornar-se a mãe de um homem genial. Ela deveria procurar alguém que fosse o pai adequado para um homem genial e oferecer-se a ele sem desejo físico. Se conseguisse conceber uma criança sem sentir qualquer prazer, o resultado seria um homem genial.

De fato, a paciente nunca encontrou o homem certo, e quando chegou aos quarenta anos, a convicção de ter "perdido o barco" trouxe-lhe sérios problemas psicológicos. Estava com cinqüenta e um anos quando se tornou paciente de Jung.

A analista — mulher de Jung — sugeriu que a primeira "visão" fora uma decepção do *animus*, e que a paciente deveria tentar usar a imaginação ativa para se acercar de um arquétipo feminino mais positivo, a Grande Mãe. Evidentemente, a paciente já apresentava uma certa predisposição a "visões", e suas tensões psicológicas lhe davam a energia psíquica necessária para a imaginação ativa. O resultado foi uma admirável série de conversas com a "Grande Mãe", nas quais a paciente tinha a sensação de que a Mãe era uma outra pessoa — assim como Jung sentia que Filemon o fosse. O resultado final, segundo Barbara Hannah, foi uma velhice feliz e serena.

Outro analista junguiano, J. Marvin Spiegelman, começou a dominar as técnicas de imaginação ativa aos vinte e quatro anos, através de "fantasias" que envolviam uma caverna, na qual ele encontrava uma mãe, uma filha, e um velho sábio. Certo dia, apareceu um cavaleiro e levou consigo a mãe e a filha. O cavaleiro explicou que tinha algumas histórias para contar, e que havia "muitos outros em seu reino" que também gostariam de fazê-lo. Spiegelman passou vários anos anotando as várias histórias contadas pelo cavaleiro, por uma freira, por uma ninfomaníaca, por um velho chinês, e por muitos outros: estes contos foram publicados em quatro volumes. Evidentemente, Spiegelman usara a mesma técnica de Brad Absetz — permitiu que o "outro si-mesmo" vencesse sua timidez e se expressasse —, e os resultados foram semelhantes em muitos pontos.

No quarto volume da série, *O Cavaleiro*, Spiegelman faz uma observação de vital importância: de que a prática bem-sucedida da imaginação ativa "leva, via de regra, à ocorrência de eventos sincronísticos, nos quais o indivíduo relaciona-se com o mundo de um modo profundo e místico". O que se verifica, sugere Spiegelman, é que o mundo interior modifica, de alguma forma, a relação do indivíduo com o mundo. O autor relata, então, a importante história do Fazedor de Chuva, contada pela primeira vez a Jung por Richard Wilhelm. Wilhelm encontrava-se em um longínquo vilarejo chinês que sofria com a estiagem. Um fazedor de chuva foi mandado de um vilarejo distante. Pediu uma cabana nos arredores da vila e ali ficou por três dias. Caiu, então, uma forte chuva, seguida de neve — uma ocorrência jamais verificada naquela época do ano.

Wilhelm perguntou ao velho homem como ele fizera aquilo; o velho respondeu que não havia feito. "Veja o senhor", disse ele, "venho de uma região onde tudo está em ordem. Chove quando deve chover, o que é muito agradável quando se precisa. As próprias pessoas estão bem. Mas as pessoas neste vilarejo estão fora do Tao e de si mesmas. Logo que cheguei fui imediatamente afetado por este estado; por esta razão, pedi uma cabana nos arredores da vila, para que pudesse ficar sozinho. Quando retornei ao Tao, a chuva caiu."

Ao afirmar que os homens estavam "em Tao e em si mesmos", o velho queria dizer a mesma coisa que Jung diz quando se refere à individuação. Ou seja, havia uma comunicação adequada entre os dois si-mesmos — ou entre os dois hemisférios cerebrais. Os habitantes do vilarejo castigado pela estiagem estavam dominados pelo ego do hemisfério cerebral esquerdo — o qual, enquanto não se dá conta da existência do "aliado oculto", sente-se propenso a reagir de maneira exagerada aos problemas. Isto, por sua vez, gera um estado de espírito negativo que pode influenciar o mundo exterior.

Tal noção ilumina, de forma totalmente nova, o conceito de sincronicidade, bem como o de magia. Poder-se-ia dizer que, de acordo com a teoria chinesa, a mente está intimamente ligada à Natureza. Conseqüentemente, a sincronicidade não é a intervenção ativa da mente nos processos naturais, e sim um produto natural da harmonia entre eles. (Assim, quando desfrutamos de um estado de sanidade psicológica, as sincronicidades devem ocorrer a toda hora.) Nossos medos e tensões interferem nesta harmonia natural; quando isto acontece, as coisas não dão certo.

Podemos ver que tal noção modifica também nosso conceito acerca da natureza da imaginação ativa. *Não se trata* de uma espécie de "refletida desordenação dos sentidos", comandada pelo ego. Trata-se de uma harmonia interior, que tem suas bases no reconhecimento do "aliado oculto", que leva a um processo de cooperação entre os "dois si-mesmos".

Neste ponto, porém, há que se fazer novamente uma advertência. Um célebre médico americano, Howard Miller, salientou que os seres humanos já possuem uma espécie de imaginação ativa. Posso fechar meus olhos e evocar uma praia em um dia quente, imaginar a areia quente sob meus pés, o sol em meu rosto, o som das ondas; então, num piscar de olhos, posso mudar para um dia de inverno em uma montanha, com neve no chão e nos galhos das árvores, e um vento frio em meu rosto... Mas Miller salienta que o "painel de controle" dessas cenas imaginárias é o próprio ego. *Eu* decido mudar de cena, e minha imaginação é obrigada a fazê-lo.

O que Miller diz é que, de fato, o hemisfério cerebral direito é a orquestra, e o hemisfério cerebral esquerdo, o regente. Por exemplo: se relaxo e leio poesia, ou ouço música, posso induzir todos os tipos de estados de espírito, e eventualmente chegar a um ponto em que posso mudar meu estado de espírito instantaneamente: posso passar, por exemplo, do *L'Allegro* de Milton para o *Il Penseroso*, e evocar com total realismo uma cena de verão com pessoas folgazãs, passando à "obscura luz religiosa" de abadias, igrejas e bosques. Os hemisférios cerebrais direito e esquerdo podem, eventualmente, conseguir a mesma relação de regentes com suas orquestras — uma orquestra que responde a seus gestos mais delicados. Entretanto, tal estado de harmonia depende do prévio reconhecimento de que *eu* sou o regente. *Eu* devo erguer minha batuta, bater no tripé, e dizer: "Cavalheiros, hoje vamos executar a Sinfonia Júpiter. . ." O maior perigo da imaginação ativa é que o sujeito pode assumir que ela significa entregar sua batuta à orquestra — o que, obviamente, é um absurdo. A imaginação ativa é um estado de cooperação em que o ego deve continuar sendo a parte dominante.

O homem ocidental está na posição de um regente que não está ciente de que tem uma orquestra — ou que só se deu conta dela de maneira obscura e intermitente. A imaginação ativa é uma técnica através da qual ele se conscientiza acerca da existência da orquestra. Isto é "individuação". E obviamente é apenas o começo. A próxima tarefa é transformar uma plêiade casual de músicos em uma grande orquestra. *Esta* é a verdadeira tarefa de um regente. E parece ser isto o que Jung queria dizer quando afirmou, ao final de sua vida: "A consciência é o árbitro supremo."

Bibliografia

OBRAS DE C.G. JUNG

The Collected Works of C.G. Jung, 20 vols. (Routledge e Kegan Paul).

Letters, selecionadas e editadas por Gerhard Adler, 2 vols. (Routledge e Kegan Paul, 1976).

The Freud/Jung Letters, editadas por William McGuire (Routledge e Kegan Paul, 1974).

Memories, Dreams, Reflexions (Routledge e Kegan Paul, 1963).

Man and his Symbols em colaboração com M-L. von Franz, Joseph L. Henderson, Jolande Jacobi e Aniela Jaffé (Aldus, 1964).

Word and Image, editado por Aniela Jaffé, Bollingen Series (Princeton University Press, 1979).

C.G. Jung: Speaking, Interviews and Encounters, editado por William McGuire e R.F.C. Hull (Thames e Hudson, 1978).

LIVROS SOBRE JUNG

Bennet, E.A., *C.G. Jung* (Barrie e Rockcliffe, 1961).

Brome, Vincent, *Jung, Man and Myth* (McMillan, 1978).

Franz, M-L von, *C.G. Jung, His Myth in Our Time* (Putnams, 1975).

Hannah, Barbara, *Encounters with the Soul: Active Imagination as developed by C.G. Jung* (Sigo Press, 1981).

Jaffé, Aniela, *From the Life and Work of C.G. Jung* (Hodder e Stoughton, 1972).

Post, Laurens van der, *Jung and the Story of Our Time* (The Hogarth Press, 1976).

Spiegelman, J. Marvin, *The Knight* (Falcon Press, Phoenix, Arizona, 1982).

Este livro foi impresso
(com filmes fornecidos pela Editora)
na Gráfica Editora Bisordi Ltda.,
à Rua Santa Clara, 54 (Brás),
São Paulo.